www.gesteditions.com

LE CHEMIN D'UN ORPHELIN CREUSOIS

LES DEUX VIES DE JEAN DUHAMEL

Laurent HELMAN

LE CHEMIN D'UN ORPHELIN CREUSOIS

LES DEUX VIES DE JEAN DUHAMEL

LA GESTE

À Charlotte

Pour Nathalie, Valérie et Liv

« Il va pouvoir transmettre ce récit à ses enfants,
passant ainsi du statut d'ombre indéfinie à celui
de passeur. »

SOMMAIRE

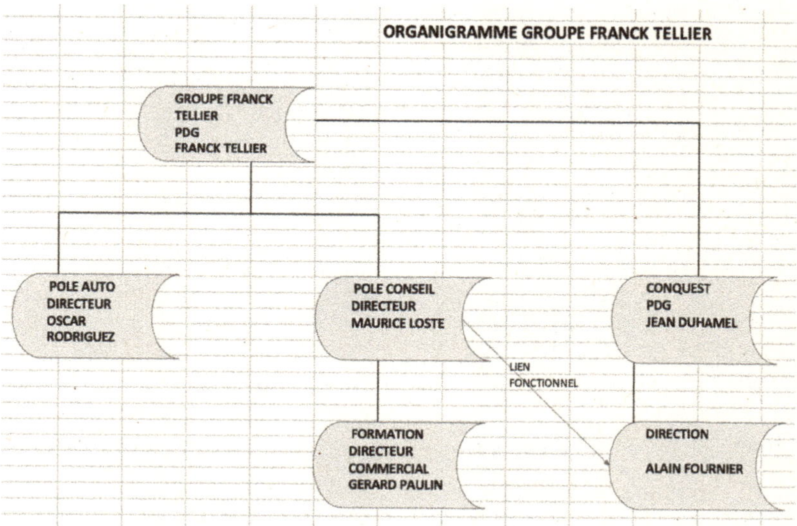
ORGANIGRAMME GROUPE FRANCK TELLIER
GROUPE FRANCK TELLIER PDG FRANCK TELLIER
POLE AUTO DIRECTEUR OSCAR RODRIGUEZ
POLE CONSEIL DIRECTEUR MAURICE LOSTE
CONQUEST PDG JEAN DUHAMEL
LIEN FONCTIONNEL
FORMATION DIRECTEUR COMMERCIAL GERARD PAULIN
DIRECTION ALAIN FOURNIER

PROLOGUE

L'entretien avec ma mère relatif à la période 1942-1946 (annexé à la fin de ce roman) en est l'origine et par conséquent le commencement. Lorsqu'elle m'a dit n'avoir rien fait de notable et que tout le monde aurait agi de la même manière dans les mêmes circonstances, j'ai été interloqué. Au fur et à mesure de son récit, j'ai ressenti une distorsion croissante entre ses actes et la vision effacée qu'elle avait de son rôle.

En transcrivant ses paroles, j'ai imaginé progressivement une fiction qui la mettrait indirectement en scène. Ce mélange non orthodoxe de genres littéraires est destiné à ancrer le récit creusois dans la réalité de l'histoire fut-elle familiale.

Ce voyage dans le temps, qui illustre aussi l'évolution de la société, alimente le cours d'un ruisseau dont j'espère que la rencontre tumultueuse avec d'autres plus importants contribuera à éclairer notre passé.

CHAPITRE 1
Avant la Creuse

Jeudi 29 septembre : Préoccupation !

À la clinique du château, une vieille construction sans âge, située sur une colline, Jean Duhamel, traverse d'un pas lent et quelque peu absent, le hall du rez-de-chaussée et se dirige vers l'accueil où une jeune femme l'interroge avec bienveillance sur sa destination. Elle le détaille même car c'est un bel homme, grand, au nez fin, aux yeux noisette qui peuvent être rieurs ; sa longue mèche châtain clair contraste quelque peu avec son maintien très droit qui lui procure une certaine allure.

— Je viens voir le docteur Rousseau en pneumologie.

— Allez au 2e étage à l'accueil, l'ascenseur est situé un peu plus loin sur votre droite.

Au bureau du 2e étage, il se présente à une femme énergique à la voix douce :

— Jean Duhamel, j'ai rendez-vous avec le docteur Rousseau.

— Tout à fait, veuillez patienter dans la salle d'attente, s'il vous plaît, je vous appellerai.

La brume s'accroche aux pentes rudes de la cité ; Jean Duhamel observe par la fenêtre ou plutôt devine les hauteurs de Saint Germain en Laye, son absence de concentration favorise un état de flottement où il se sent bien. La résistance de la brume aux ardeurs du soleil amplifie cette sensation. Dans cette salle d'attente, il s'étonne presque que son anxiété, d'habitude si tenace, se tienne à distance, alors qu'elle dispose d'une raison objective de se manifester. Est-ce la peur de faire face à la situation qui paradoxalement le protège de l'angoisse ? Il choisit d'accepter ce relatif calme intérieur sans chercher davantage à le comprendre. Pour demeurer encore dans cette atmosphère, il prend parti contre le soleil afin qu'il ne dévore pas trop vite son adversaire. Il se situe en équilibre entre rêverie et conscience, comme pour pouvoir basculer d'un côté ou de l'autre et refouler ses pensées. Quand elles le ramènent à la clinique, il se demande pourquoi un tel examen pour une toux, somme toute, tout à fait « raisonnable » même si elle perdure depuis quelque temps.

Il se sent bien physiquement, c'est là l'essentiel. Il observe le frémissement de la cime des arbres les plus proches qui donnent prise au vent alors que leurs branches, plus basses, semblent immobiles, protégées par la densité du feuillage. Il sursaute en entendant prononcer son nom par l'assistante du docteur Rousseau, d'un ton teinté d'une légère impatience, lui indiquant que ce n'est sans doute pas le premier appel. Se sentant quelque peu fautif, il franchit le seuil du cabinet du médecin qui l'accueille chaleureusement d'une voix ferme, celle d'un solide gaillard à l'allure sportive âgé d'une quarantaine d'années environ.

— Bonjour M. Duhamel, asseyez-vous, est-ce le docteur Duchemin qui vous envoie ? Ses petits yeux en mouvement semblant lui témoigner un réel intérêt.

— Oui docteur, je tousse depuis quelques mois, deux ou trois ou peut-être un peu plus.

— Votre prénom et votre date de naissance ?

— Jean né le 6 septembre 1943 à Dun-le-Palestel.

— Vous fumez ?

— Non docteur, j'ai arrêté il y a 5 ans.

— Déshabillez-vous afin que je vous examine et que je contrôle à quoi correspond une image de votre radio proche du médiastin. Avez-vous le souvenir d'une infection ?

— Non, docteur pas de souvenir précis ou récent.

— Toussez que je vous entende.

— Comment vous sentez-vous ces derniers jours ?

— Je me sens plutôt bien, peut-être parce que ma vie professionnelle prend un nouveau tournant.

— L'examen ne révèle rien d'anormal en tout cas.

— Les analyses de sang que vous a prescrites le docteur Duchemin sont normales elles aussi.

Je vais reprendre contact avec lui pour voir si nous devons poursuivre nos investigations.

— Quel est votre avis personnel ? s'entend-il demander au docteur Rousseau. Ce dernier lui indique être favorable à un examen complémentaire afin de connaître la cause de cette « tâche », sans qu'il y ait urgence.

En retraversant la salle d'attente, Jean retrouve les autres patients comme figés dans leur attitude, leurs regards absents n'accrochent pas le sien. Eux font partie de ceux qui attendent. Chacun est plongé dans son monde intérieur, de sorte que toute connexion, sans parler de communication avec l'autre semble impossible.

Sa petite voiture le conduit directement à son bureau situé à Boulogne Billancourt près de la Seine, dans un petit immeuble plutôt ancien où il feuillette distraitement un dossier jusqu'à son départ pour le déjeuner au restaurant, avec un client important.

Au retour à la hauteur de sa société, Jean décide soudainement d'accélérer, longe la Seine, traverse le pont et pénètre dans le parc de Saint Cloud magnifique en cet après-midi ensoleillée de fin septembre avec ses arbres aux feuilles couleur de feu : rouge sang, pourpre, brune, jaune et dorée. L'automne semble s'être invité en avance cette année. Laissant son véhicule pour marcher, il réalise que depuis de nombreuses années il s'est privé de ce bonheur. La dernière fois qu'il est allé se promener dans un parc, c'était peut-être pendant ses études. Il se sent libre, persuadé d'avoir retrouvé la maîtrise de l'espace et du temps, il écoute le silence, s'enivre des senteurs de ce début d'automne et regarde les premières feuilles tourbillonner comme un enfant. Il sourit, en pensant à cette histoire de tâche et à sa femme Hélène adepte de la propreté qui ne les tolère pas. Il appelle son assistante pour lui dire qu'il ne repassera pas au bureau. Égaré parmi les allées, il suit des feuilles éparses que l'ombre recouvre progressivement.

La voix chaude d'Hélène lui rappelant que les enfants viennent dîner ce vendredi soir résonne en lui et dissipe les rêveries qui l'entraînent vers la pénombre.

Le trajet jusqu'à la maison est rapide et il espère arriver avant Laure et Nathan.

Le premier regard d'Hélène, dans le long couloir menant au salon, à la fois tendre et interrogateur, lui indique qu'il est le premier et il y répond en lui relatant l'entretien avec le docteur Rousseau et qu'à ce stade, il n'y a pas de motif d'inquiétude. Il sourit intérieurement du choix du mot « stade » alors qu'un cancer même s'il n'a jamais été explicitement évoqué, n'est pas exclu. Il cherche sans doute maladroitement à la rassurer sachant que l'inquiétude quand elle n'est pas endémique se nourrit justement d'incertitudes.

Pour la première fois depuis très longtemps, il observe son appartement dans ses moindres détails, en ayant même le sentiment d'être chez quelqu'un d'autre. Dans la cheminée deux bûches sont posées sur les chenets.

Sans doute l'absence de feu leur confère un air triste et esseulé. Les deux canapés de couleur rouille, sont recouverts de plaids orangé et beige. Quelques coussins colorés y sont paresseusement installés. Les meubles et la table en bois reflètent les lumières renvoyées par le plafond blanc. Jean croit déceler dans le salon, un très léger parfum de cire ou bien est-ce seulement l'aspect des meubles qui l'induit. Il redécouvre avec plaisir quelques tableaux réalisés par des amis.

Il s'interroge sur la présence d'un porte-revues en bois clair, près de la cheminée, qui ne contient rien alors qu'il est présent depuis de nombreuses années.

Il se dirige vers la bibliothèque et caresse le dos de quelques romans non pas que ce contact physique le mette en relation avec la lecture mais il lui procure une douce sensation d'apaisement. Toutes les lumières sont allumées ce soir rendant le salon encore plus chaleureux, lui donnant un air de fête.

Quelques instants plus tard, Laure et Nathan arrivent presque en même temps alors que Jean Duhamel commence à savourer le plaisir de partager cette soirée avec eux. Connaissant les contraintes horaires des enfants, Hélène indique à chacun de passer à table.

— Alors Papa qu'as-tu décidé de faire de Conquest, ta magnifique agence de publicité ? dit Nathan.

— Je suis en train de la vendre au groupe de Frank Tellier, dont je t'ai parlé et je prévois de rester président de Conquest avec un rôle de conseiller pour le groupe dit Jean ému et enthousiaste.

— Cette fonction a un contour encore flou qui devrait se préciser rapidement, précise Jean, accompagnant avec force ses propos d'un coup de poing sur la table, comme s'il cherchait à s'en persuader.

— Maman es-tu d'accord pour que papa soit sur ton dos à la maison ? plaisante Laure.

— Connaissant ton père tu dois te douter que son nouveau poste lui prendra autant de temps qu'avant, même si, comme vous le savez, je le pousse à arrêter son activité.

Le son chaleureux de ces voix familiales qui l'entourent comme une musique d'ambiance, à la présence de plus en plus lointaine, est interrompu par la seule voix de Nathan :

— Papa, tu vas bien, tu sembles loin et perdu dans tes pensées ?

— Non, je vous écoute avec intérêt, je suis heureux de savoir que le dermato se plaît dans le 13e et que le responsable marketing dans le secteur du tourisme travaille essentiellement sur le rôle d'internet.

— Peut-être une journée difficile, s'exclama-t-il comme un élève accusé brusquement de ne pas écouter le maître. Il sait qu'il donne cette impression, proche de la réalité, car avec les siens il a du mal à endiguer le flot d'images et d'émotions qui l'envahissent.

Jean Duhamel émerge progressivement de cet état d'écoute sans participation, essayant de ne pas montrer qu'il s'en veut d'avoir été si peu présent au cours de cet échange familial. Sa frustration est d'autant plus vive qu'il se réjouissait, dès leur arrivée, de cette soirée.

Il se promet, une fois de plus, d'être plus vigilant à l'avenir.

Jean Duhamel a quand même réussi, après l'intervention de Nathan, à indiquer que ses nouvelles fonctions lui procuraient de l'enthousiasme teinté d'une certaine inquiétude devant l'ampleur du changement.

Ses enfants, lui ont suggéré, compte tenu de l'absence d'enjeu de s'impliquer avec légèreté, en prenant du recul. Jean très touché par cette proposition affectueuse s'est dit que la soirée s'était presque bien déroulée.

Nathan se lève et embrasse ses parents :

— Merci pour cette soirée, désolé papa de t'avoir un peu secoué, repose-toi, je vais rentrer, je me lève tôt demain, Laure, je te dépose ?

Après avoir raccompagné les enfants, au bout du couloir, devant la porte fermée, Hélène interroge Jean de sa chaude et belle voix qu'elle accompagne d'un regard tendre mais sans échappatoire.

— Alors, Jean, que t'a dit le docteur Rousseau ?

— Rien de plus, ne t'inquiète pas je me sens très bien, je suis juste un peu fatigué par ce projet de vente de ma société.

— Mon cousin Jean-Marie Carpentier, m'a téléphoné pour me dire qu'il ne serait pas là pour les fêtes de fin d'année, il va dans le Sud-Ouest, dans sa belle-famille.

— Et nous alors, sommes-nous la roue de secours quand il n'a pas de programme ?

Jean Duhamel brusquement hors de lui traverse le salon d'un pas rageur sans réussir à se contrôler.

Il se sent déstabilisé et comme soulevé par une vague intérieure.

— Mais enfin Jean qu'est ce qui t'arrive ? Anne la femme de Jean-Marie doit avoir une importante réunion familiale et souhaite garder le contact, cela me paraît normal, d'autant plus qu'ils nous préviennent près de trois mois à l'avance, cela fait longtemps que je ne t'ai pas vu dans un tel état.

— Excuse-moi la journée a été pesante, pour une fois je vais aller me coucher tôt.

— Et si tu appelais André Kaplan pour le rencontrer c'est d'abord ton meilleur ami mais c'est aussi un médecin ?

Vendredi 30 septembre : L'Appel

Tôt ce matin, pendant le trajet qui le mène à son bureau, Jean Duhamel attend impatiemment que les lueurs de l'aube viennent à bout de la nuit, comme si ces premiers rayons avaient le pouvoir de lui permettre de voir plus clair en lui. Il voit défiler en boucle le film des évènements de la veille et a l'impression de regarder à la télévision une chaîne d'informations en continu dont la multiplicité des passages ne fait qu'entremêler les fils de ses évènements au lieu de les dénouer.

Face à cette impasse, il se remémore qu'Hélène lui a suggéré la veille d'appeler André Kaplan.

Cette idée lui apparaît comme une évidence et il lui téléphone d'une voix déterminée pour le rencontrer.

André qui part pour quelques jours dans sa maison de Creuse afin de trier des documents, lui propose de l'accompagner.

Jean Duhamel, sans avoir pris le temps d'y réfléchir, refuse sa proposition, en évoquant un programme chargé.

André Kaplan insiste à l'idée de se retrouver tous les deux sans la contrainte du temps.

Jean Duhamel appelle Hélène qui l'encourage vivement à partir se changer les idées.

CHAPITRE 2
Premier voyage en Creuse

Vendredi 30 septembre : Un chemin pour démêler les nœuds

L'amitié de Jean Duhamel pour André Kaplan est ancienne et profonde, Jean Duhamel apprécie son écoute assez rare, un grand calme, au moins apparent, une bonne psychologie, une grande facilité à parler y compris de lui-même mais avec humilité. André semble très solide comme ces grands arbres qui tendent leurs troncs afin que l'on puisse s'y appuyer. Sa façon de vous parler, de vous comprendre et de vous considérer vous désinhibe et vous entraîne subrepticement sur le chemin de la parole. Jean trouve André « lisse », ce qui pour lui est un compliment. Avec André la route est droite et dégagée, on ne risque pas de trébucher sur un vieux contentieux mal réglé, une mauvaise interprétation d'un mot qui risque de revenir comme un boomerang. Avec lui on peut s'exprimer spontanément et librement ce qui est fondamental pour Jean. Avec des profils non « lisses », Jean devient tellement maladroit qu'il prononce presque systématiquement, le mot fatidique qui va enclencher un malentendu. Il éprouve, par ailleurs, une véritable fascination pour André, pour ses qualités sans doute, mais aussi pour son rapport à l'amour. Pour Jean, l'amour c'est depuis toujours Hélène, alors que Jean a rarement vu André avec la même femme, malgré son âge mûr.

Est-ce l'impossibilité de trouver la femme de sa vie, le besoin de séduire, ou la fuite en avant ?

Des amies lui ont souvent dit qu'elles trouvaient André séduisant avec ses petites lunettes rondes qui laissent apparaître des yeux gris, ses cheveux noirs coiffés en arrière, sa grande taille ainsi que sa démarche jeune et souple. Son regard qui semble leur dire qu'elles sont belles n'est-il pas déterminant ? Le rapport d'André Kaplan aux femmes met cependant Jean Duhamel mal à l'aise, sans qu'il soit capable d'en expliquer les raisons.

Jean est sur le point de solliciter l'aide d'André pour solutionner ses problèmes récents, il ne cherche pas à allonger la liste et écarte, pour l'instant, cette dernière préoccupation.

Après avoir regardé sa montre avec fébrilité, Jean descend rapidement les escaliers de son immeuble, s'imposant ce modeste exercice en renonçant à prendre l'ascenseur. Il n'est pourtant pas en retard puisqu' André ne doit passer le prendre que dans une dizaine de minutes mais il aime bien observer le flux des véhicules.

Il essaye de se détendre afin de ne pas avoir l'air préoccupé, n'aimant pas exhiber ses états d'âme et ne voulant pas inquiéter André. Jean, heureux d'apercevoir maintenant la Peugeot récente d'André, lui fait signe chaleureusement de la main au moment où ce dernier se gare à sa hauteur en lui demandant à travers la fenêtre passager ouverte :

— Alors Jean prêt pour l'aventure ?

— Elle vient de commencer !

Tandis que Jean s'installe, André avoue s'être libéré non seulement pour effectuer des rangements mais aussi pour se ressourcer et se retrouver en rêvant face aux paysages de la vallée de la Creuse.

Jean, heureux de retrouver ce point commun avec André, l'interroge sur les raisons du choix de cette région.

Aussi étonnant que cela puisse paraître, s'ils savent qu'ils ont en commun une enfance dans la Creuse, ils n'en ont presque jamais parlé. André lui confie que sa mère était assistante sociale dans la Résistance, elle fournissait papiers, aides, médicaments et cachait des enfants juifs dans le Limousin[1] entre 1942 et 1944, elle s'est beaucoup attachée à la Creuse et a noué des relations très fortes avec de nombreux habitants, si bien que deux à trois ans après la guerre, ses parents ont choisi Crozant comme lieu de résidence secondaire mais son père décéda peu de temps après. Depuis la mort de sa mère il y a une quinzaine d'années, André l'a conservée ; pendant longtemps, il a eu beaucoup de mal à y retourner mais depuis quelques temps il se met à le faire facilement et même, à y prendre du plaisir. André dit tout cela à Jean en le regardant affectueusement et lui demande :

— Et toi comment te sens-tu ?

C'est au tour de Jean de lui confier, en trébuchant sur les mots, que lui qui aime bien prévoir et contrôler, a parfois le

1 Ancienne région administrative qui regroupait jusqu'en 2015, les départements Corrèze, Creuse et Haute-Vienne.

sentiment que pensées et émotions ont pris la barre sans qu'il ne soit plus aux commandes.

Heureux de vendre son entreprise, il se sent cependant hésitant, préoccupé et s'interroge sur sa future vie professionnelle.

Il raconte, penaud, s'être emporté, la veille, quand Hélène l'a informé que son cousin ne serait pas là pour les fêtes de fin d'année, son épouse devant assister à une réunion de famille pour fêter les cents ans d'un parent.

Il avoue, presque incrédule, avoir eu le sentiment que c'était un autre qui éructait.

Hier également, le pneumologue qu'il a vu pour sa toux a préconisé d'autres examens pour établir un diagnostic et il en est inquiet. Il a le sentiment d'agir différemment dans sa vie personnelle et dans sa vie professionnelle, doux euphémisme pour dire qu'il agit beaucoup dans sa vie professionnelle et peu dans sa vie personnelle.

Depuis quelques mois, il ressent jusque dans son corps la séparation de ses deux vies, comme si certains organes n'y étaient plus reliés. Il se demande si ses cerveaux droit et gauche sont toujours correctement connectés !

Étonné d'être si loquace, il poursuit à haute voix ses réflexions : sa vie personnelle n'est-elle pas responsable de ses problèmes ? Elle qui est entachée du « péché originel » que pourrait illustrer le tampon : « absence d'origine connue ». Pas mécontent d'aborder enfin sa vie professionnelle, il précise que le groupe qui a racheté son agence de publicité Conquest intervient dans la formation et le conseil ainsi que dans la distribution automobile. Il essaye de détailler sa mission, d'une voix forte, comme s'il cherchait à s'en convaincre, visualisant la scène où, dans des circonstances proches, il avait gratifié la table d'un coup de poing ! Il va demeurer Président de Conquest, et être en charge, sous l'autorité de Franck Tellier, le président du groupe, de la responsabilité fonctionnelle du management du groupe. Dans ce domaine, Jean, lui indique, comme en récitant une leçon, devoir proposer des méthodes communes à toutes les entités. Il lui avoue trouver cela pompeux sur la forme, comme tiré d'un cours de management et encore imprécis sur le fond.

Jean Duhamel précise d'une voix plus faible, qu'il a la volonté et l'espoir de pouvoir agir en arrimant solidement Conquest au groupe FT.

Il n'est pas tout à fait sûr de ses motivations et exprime à André sa crainte de ne pas réussir à s'adapter à ce nouvel environnement.

Chez Conquest, avant la vente, ajoute-t-il, avec déjà un léger voile de nostalgie dans la voix, il était le patron à la fois stratège et homme d'action ayant sans cesse de nouveaux projets à réaliser.

Dans le groupe FT, il se rêve en metteur en scène, co-auteur d'un texte collectif en devenir, chef d'orchestre qui amène chacun à élaborer et à s'approprier la méthode commune, établissant un dialogue efficace aboutissant à des compromis avec ses interlocuteurs, utilisant l'intelligence plus que le rapport de force dans l'intérêt commun.

Tout en s'accrochant avec force à ces aspirations quelque peu utopiques, il s'attend à des tensions liées à la résistance au changement et à la préservation de chaque territoire, Il se sait rêveur mais espère être un rêveur pragmatique ! André Kaplan confirme à Jean qu'il aura à redéfinir sa vision de l'action car il va devoir conseiller au lieu de créer et de décider. Il demande à Jean si cette nouvelle étape n'est pas l'occasion de prendre de la distance, de moins s'investir. André continue à l'interroger :

— Est-ce que la défection du cousin d'Hélène ne t'a pas renvoyé à l'absence de ta propre famille et pourquoi as-tu finalement accepté de m'accompagner en Creuse ?

Jean, secoué tant par ces interrogations directes que par les remous qu'elles entraînent, essaye, en suivant les méandres qui lui sont propres, de répondre à son ami. Il a d'abord refusé car il trouvait plus confortable d'attendre quelques jours pour parler à André de sujets très personnels et de différer un retour en Creuse qu'il appréhendait. Il rappelle ensuite à André qu'il est né à Dun-le-Palestel, Dun-le-Palleteau à ce moment-là et qu'avec sa date de naissance ce sont les seules informations précises dont il dispose. Il a été déclaré et recueilli par des paysans qui sont morts environ deux ans après et remis par leurs cousins à l'assistance publique qui l'a confié après quelques années à une nouvelle famille avec qui il a travaillé à la ferme. Il est ensuite parti à Paris où comme André le sait, il a poursuivi ses études tout en travaillant. Il conserve bien quelques souvenirs flous de la ferme, de groupe d'enfants et de paysages, à moins que ses souvenirs n'aient été « greffés » par des propos tenus par la suite.

Il reproche aux rares photos de cette époque d'être si nettes, qu'elles estompent et éloignent les souvenirs des visages des siens.

La Creuse est synonyme d'absence de ses parents, de douleur et de culpabilité. S'il a accepté d'y revenir, n'est-ce pas parce que le moment est maintenant venu d'un retour vers ses « racines » ?

Le sens de ce mot demeure cependant abstrait pour Jean, il est peut-être le fruit d'un arbre de la région mais duquel est-il tombé ? C'est vrai qu'en voyant une famille « normale », Jean a encore l'impression d'être un martien, doutant toujours de ce qu'il a pu transmettre à ses enfants. Quelle valeur a une transmission sans racines réelles ? Que sont des racines sans ascendance ? demande-t-il à André.

— Je suppose que tu leur as inculqué les valeurs que tu t'es forgées, peut-être devais-tu te dire : « qu'est-ce que mes parents voudraient que je sois et que je devienne ? » Cela a pu te servir de fil conducteur.

— C'est drôle que tu me dises cela, quand je suis devenu dirigeant d'entreprise, je me suis dit à plusieurs reprises que c'est ce que mes parents auraient voulu pour moi. Cela me donnait de l'assurance et je ne risquais pas d'être contredit !

Par contre, je n'en ai jamais parlé à personne, mais je suis passé de très nombreuses fois par la colère et le sentiment de révolte d'avoir été abandonné, ainsi que par le doute et la dévalorisation.

Arrivés au village, ils commencent par une promenade et à la hauteur de l'épicerie, qui en évoque une autre, beaucoup plus ancienne, sombre et étroite avec peu de vitres, Jean se souvient de tous les moments où enfant et adolescent une question tournait en boucle dans sa tête : méritait-il d'être aimé ? Plus tard, à l'âge adulte, la question était devenue : suis-je vraiment aimé ou ne suis-je pas aimable ? Il ressent la culpabilité, longtemps enfouie, irrationnelle mais néanmoins tenace, d'avoir abandonné ses parents, même si on lui avait dit plus d'une fois que pendant la guerre tout pouvait arriver et qu'il avait de la chance d'être en vie.

André apostrophe maintenant Jean qui semble égaré dans ses pensées :

— Ma mère m'a raconté que beaucoup d'otages ont été exécutés quand les Allemands subissaient des attaques de la résistance et que parmi ses collègues juifs ou non, beaucoup ont été déportés. Je réalise seulement aujourd'hui que nous avons des souvenirs communs des fermes de la Creuse, car j'accompagnais mes parents puis plus tard allais seul acheter les fruits et les légumes dont nous ne disposions pas.

Jean s'exclame :

— Mes meilleurs souvenirs sont composés d'espaces, de nature, de liberté, de promenades en forêt, de la cueillette de champignons, de cabanes construites avec des branches. Je me souviens maintenant de chasse aux oiseaux, avec des arcs et des flèches en bois coiffées d'un bouchon de liège. Nous nous glissions dans les herbes hautes, demeurions couchés, attendions et observions en écoutant leur bruit qui revenait en vagues successives. Je me demande aujourd'hui si ce n'était pas un prétexte pour sentir, voir, écouter et s'imprégner de la nature, car nous persévérions sans jamais en avoir touché un seul. Dans la chaleur de l'été, les noisetiers, noyers et mûres exhalaient un parfum délicat. Nous jouions à faire des barrages sur les cours d'eau avec le sentiment d'apprivoiser la nature. Le visage tourné vers le ciel, nous essayions de sentir et ressentir le vent, en nous laissant caresser par sa douceur. Je n'ai pris conscience de l'odeur de la terre qu'en arrivant à Paris !

— Mais toi André, je te vois tellement parisien que je t'imagine plutôt à une terrasse d'un café noire de monde avec un bon livre qu'en Creuse, rapportant fruits et légumes !

— Je suis né à Paris et c'est vrai que j'adore l'atmosphère de ses cafés et de leurs terrasses, la diversité des passants qui semblent tous raconter une histoire différente, mais mes souvenirs d'enfance les plus forts sont liés aux fins de semaine et aux vacances en Creuse. Elles sont synonymes de bonheur insouciant, d'évasion et de nature.

Délaissant son propre voyage dans le passé, il interroge Jean sur son itinéraire personnel :

— Es-tu retourné sur place pour effectuer des recherches sur ton passé ?

— J'y suis retourné une fois, une dizaine d'années après mon départ mais je n'ai obtenu aucune autre information si ce n'est que je suis né de parents inconnus et déclaré par les époux Duhamel. Ce séjour sans résultat m'a enfermé dans le rôle de l'enfant abandonné qui abandonnait à son tour la recherche de ses parents, facétie doublement douloureuse du destin.

André considère Jean comme son meilleur ami, il lui fait penser à son père tant par son allure que par son autorité naturelle bien qu'ils aient à peu près le même âge.

Pour André, Jean a une écoute exceptionnelle, l'entraînant même à supporter des propos peu intéressants de gens qui ne le sont guère davantage. Il leur témoigne une sorte de déférence, comme s'ils étaient importants.

Pour André, Jean est très fidèle en amitié, y compris vis-à-vis de ceux dont les trajectoires se sont notablement éloignées de la sienne.

Veut-il éviter de rompre ce fil sacré afin de ne pas trahir un serment ?

Le port altier de Jean et l'intensité qui rayonnent de sa personne induisent une distance, excluant toute familiarité, malgré son écoute, un intérêt manifeste et un ton aimable. Au premier regard, on pourrait penser qu'il a une haute opinion de lui-même alors qu'il est plein de doutes et d'humilité ; son sens aigu de la dignité, en cas de souffrance physique ou psychologique, lui fait serrer les poings pour essayer de ne pas trahir son ressenti ou ses émotions.

Abandonnant la Creuse, Jean pense aux siens : comme sur un manège, l'image de ses proches continue à défiler et à s'imprimer en tournoyant devant ses yeux. Il songe, maintenant, à la transformation, il y a quelques années, de sa fille Laure : elle prenait l'aspect du regard qu'il posait sur elle, doute, mal être, rayonnement, joie, fierté, admiration, c'était un caméléon, un caméléon de l'âme. Elle avait besoin d'être rassurée par des mots qu'il avait peur d'utiliser pour exprimer une émotion, une communion et un bonheur total, il craignait que les mots ne soient décalés, réducteurs et ne brisent la magie.

Il se souvient de ce jour où Il avait suffi qu'un regard plus intense et plus profond se pose sur elle pour qu'il l'inonde de sa chaleur et qu'il embrase le sien rendant sa beauté encore plus lumineuse, son sourire encore plus étincelant. Une autre fois, Il avait suffi que le téléphone sonna au milieu de la solitude pour qu'un éclat de rire, qu'un éclat de vie jaillisse, transformant la pénombre en lumière. Il alternait des moments où il se trouvait trop distant et d'autres où il essayait de lui témoigner son amour. Quand il croyait observer, chez Laure, un léger recul est-ce parce qu'il n'avait pas réussi à le lui communiquer ou parce qu'elle cherchait à se protéger, par une certaine distance de tout risque d'« invasion » de son territoire personnel ?

Jean s'est souvent contenté de ressentir son amour et son admiration en prenant garde de ne pas l'approcher de trop près. Elle lui faisait penser à une figue de barbarie, douce à l'intérieur mais difficile à approcher à cause de ses épines. Jean réalise qu'il prend le temps de penser à ses proches et à lui-même, Il a même parlé de lui à André, alors que, jusque-là, ils avaient passé beaucoup de temps à commenter l'actualité et à refaire le monde mais sans se dévoiler.

C'est peu de temps après son arrivée à Paris que leur amitié a commencé et qu'elle s'est enrichie depuis.

— Te souviens-tu de ce jour où raillé par des élèves de la classe pour mes origines campagnardes tu as pris ma défense, ce qui a suffi à les tenir à distance ? dit Jean. Je t'ai admiré pour le risque que tu prenais alors que tu ne me connaissais pas.

Le visage de Jean passe de l'admiration à l'interrogation, qu'il ne peut s'empêcher de formuler :

— Au lycée, les dernières années, je te voyais souvent avec des filles différentes, je me disais, il changera avec l'âge, les années sont passées mais tu es demeuré identique, pourquoi ?

— Ce que je sais, c'est qu'à chaque fois, au début de ma relation, je suis follement amoureux, le mystère qui entoure ma compagne me fascine et m'enivre, puis au fur et à mesure que le mystère se dissipe, mon ardeur décroit, et incapable de vivre une fausse relation et de ne pas être en accord total avec moi-même je préfère rompre.

— Ne penses-tu pas que la découverte de l'autre se construit en continu, notamment au travers de nos propres changements ?

— Je ne parviens pas à une relation apaisée qui se nourrirait des petits évènements du quotidien et de compromis.

Incapable de comprendre une vie aux antipodes de la sienne, Jean se demande, dans un éclair de méchanceté, si son ami ne prend pas l'initiative de la rupture afin de ne pas être devancé !

Ayant l'impression d'avoir poussé son ami dans ses retranchements, Jean garde le silence. André, détendu l'interroge :

— De ton côté, tu m'as souvent parlé de tes entretiens avec Laure et Nathan, avec Laure j'ai l'impression que la relation a presque toujours été assez simple et avec Nathan ?

— Je crois qu'elle a souvent été plus complexe, étant du même sexe, il m'a renvoyé à ma propre enfance, m'empêchant sans doute de le voir, tel qu'il était réellement. J'ai eu longtemps la tentation de le voir en creux et non en relief. Au lieu de laisser la lumière s'accrocher à ses nombreuses qualités pour les éclairer, j'essayais de scruter ses manques. En fait, ils n'étaient pas les siens mais ils appartenaient à ma propre histoire.

Quand son mal-être était visible et qu'il s'accompagnait d'agressivité, je le recevais comme un acte d'accusation et ne pouvais le supporter. En réagissant mal, je ne faisais que jeter du carburant sur les flammes. Je rêvais d'être pompier, je ne fus que pyromane.

Maintenant qu'il est plus épanoui et que j'ai pu lui parler de mes blocages personnels, la relation est beaucoup plus harmonieuse.

Derrière l'église, ils s'assoient pour admirer les tours des ruines du château de Crozant transformé en forteresse au début du XIIe siècle et édifié sur un éperon qui surplombe deux rivières. La beauté et la sérénité du paysage estompent leurs préoccupations.

André propose maintenant à Jean de lui montrer le village et de partager avec lui la vue de ses belles et fières maisons.

Il est fasciné par le contraste entre la végétation, l'eau et la pierre et a le sentiment de continuer à voyager dans le temps. Les dégradés de vert, les reflets un peu tremblants et l'intensité de la lumière créent un spectacle irréel devant lequel Jean s'extasie à haute voix. André lui répond qu'à propos de lumière, un peu plus bas, commence un sentier où les peintres descendaient jusqu'à la Sédelle.

En pensant à ses racines qui posent problème à Jean, André lui propose de lui raconter une histoire le concernant. Il a grandi sans réaliser que ses seules racines étaient du côté de sa mère avec oncles, tantes et cousins. Son père ne parlait que très rarement de ses parents qu'André n'a pas connus, la relation avec ses rares cousins et cousines du côté paternel, était gérée par sa mère, véritable tour de contrôle du trafic, comme si un transfert génétique s'était opéré. André ressentait un déséquilibre jusque dans son corps mais obéissait inconsciemment à la volonté tacite de son père de ne pas en parler. Lors d'une cérémonie familiale, il y a seulement quelques années, il a en a pris conscience et a alors commencé à remonter cette branche dont l'accès n'était pas balisé voire quasi interdit.

Il l'entraîne maintenant sur la route qui descend le long de la Creuse et admirent de haut les reflets des arbres.

Les séjours d'André en Creuse lui permettent également de ne plus être obligé de parler, de jouer un rôle, il peut se laisser envahir par un flot de pensées ou de sensations et s'évader.

Confidence pour confidence, Jean lui répond que dans son cheminement, il a ressenti plus de doutes que de certitudes. Ses réponses indirectes s'apparentent plus à un monologue mais André l'accepte avec bienveillance.

Jean se remémore que ses doutes ont été balayés lors de trois évènements : le premier lors de la rencontre avec sa future femme Hélène, brune et bronzée dans une robe jaune canari, elle illuminait une salle obscure et dès les premières paroles échangées, il a ressenti une grande complicité avec elle, dans le regard, les mots, les gestes, une harmonie quasi fusionnelle comme s'ils se connaissaient depuis longtemps. Ses yeux semblaient par moments, ceux d'un petit animal sauvage à protéger et protecteur à la fois. Il accepta avec un bonheur mêlé d'étonnement ces nouvelles et fulgurantes sensations. Le second fut la naissance de ses deux enfants malgré son absence de repères personnels. Le troisième lors de la création de son entreprise, il a eu progressivement la certitude que malgré son inexpérience et les risques encourus, il devait créer une agence de publicité. Une énergie conquérante le portait et l'aidait à avaler tous les obstacles avec voracité, il était imprégné de la mission à accomplir et pourtant il s'est toujours méfié de ce type de comportement chez les autres !

Tout s'est mis en place dans l'enthousiasme et la sérénité. Il interroge à son tour son ami :

— Maintenant que je franchis une nouvelle étape dans la vie de mon entreprise je suis heureux mais déstabilisé. Ne trouves-tu pas cette situation étonnante ?

— Disons que tous les chemins ne sont pas rectilignes et que nous ne devinons pas toujours la destination vers laquelle nous nous dirigeons.

— J'ai toujours l'impression, comme je te l'ai déjà dit, que mon problème est plus personnel que professionnel. Comment réussir à te faire partager mon ressenti que j'ai tant de mal à saisir ?

— Ce que je peux te dire, c'est que quand tu évoques aujourd'hui tes émotions, je ressens que tu pénètres dans la chair en profondeur, j'en perçois le volume et non plus seulement le squelette. Elles ont un ancrage réel bien loin du vide que tu suggères.

Délaissant rivières et forêts, ils observent de plus en plus d'habitations de chaque côté de la route et sont de retour à Crozant.

André montre de loin sa maison, une ancienne bâtisse en pierres du pays avec un grand jardin, s'en approche et puis invite Jean à entrer, dans la grande pièce principale il attire son attention sur une ancienne cheminée profonde autour de laquelle la vie familiale devait s'organiser autrefois.

En fermant les yeux, Jean entrevoit les familles qui ont pu y habiter se réchauffant en se regroupant auprès de l'âtre. Il imagine les parents, grands-parents et enfants serrés les uns contre les autres, silencieux admirer la danse des flammes bienfaisantes. Cette apparition est confortée par les traces successives de fumée qui ont noirci les poutres apparentes. La crémaillère devait supporter la marmite de soupe dont Jean a l'impression de sentir quelques effluves. En détachant son regard de la cheminée, Jean aperçoit un gros seau en bois qui devait contenir l'eau destinée à toute la famille puis une grande table sans doute en chêne, des chaises paillées ainsi qu'un grand coffre en bois clair, au-dessus bombé, qui évoque de lointains souvenirs à Jean, sans doute un objet traditionnel de la région.

Interrompant sans le savoir, les rêveries de Jean, André évoque les environs :

— Ma mère a vécu plus au sud à Saint Vaury puis à Fresselines à huit kilomètres d'ici, tu comprendras mieux le choix de Crozant demain quand nous irons à Fresselines.

— Allons-nous promener et rentrons pour le tri des documents de mes parents. J'avoue ne pas en avoir eu le courage ces dernières années.

— D'accord à condition que j'y participe.

L'heure est maintenant au travail et à un voyage dans le passé en triant au grenier lettres, photos et documents administratifs.

Arrivés en haut de l'étroit escalier qui y mène, Jean considère que l'expression tourmentée du visage d'André est due à l'absence de ses parents.

Un léger mouvement de recul de son ami à l'entrée d'une pièce pourtant agréable, lui donne l'impression qu'il heurte une porte vitrée non signalée. Jean, saisi par l'émotion projetée par André, se sent pleinement concerné. La grande malle en cuir semble rassurer André et lui évoquer des souvenirs plutôt joyeux. Jean les devine nombreux en observant André. Le visage de son ami est détendu et presque souriant, ses yeux ne semblent fixer qu'un ballet de fantômes bienveillants. Jean hume la pièce qui a une odeur de vieux, de vieux papiers, de vieux cuirs, de vieux vêtements, de vieux objets ou peut-être est-ce celle de son enfance… déjà lointaine. Il est surpris par sa grande dimension, son atmosphère étrange et intemporelle. Quelques vêtements posés sur une malle donnent vie à ce lieu, comme si un inconnu les avait posés récemment. Une faible lumière ajoute au caractère irréel et mystérieux et contribue à abolir la frontière entre le passé et le présent. Ce grenier austère impose le respect et il se surprend à parler à voix basse dès que ses pensées se dissipent.

André a repris possession des lieux, il a repéré et jaugé les piles de documents à classer mais fatigué par la semaine de travail, le voyage et envahi par une forte émotion, il décide de ne pas commencer le travail ce soir.

Le surlendemain, Jean s'est levé plein d'entrain et dès la fin du petit déjeuner, est sorti, autour de la maison admirer le village, baigné de chaudes couleurs automnales.

Debout dans le salon, Il observe maintenant André gravir à nouveau les marches de l'escalier très raide menant au grenier, il donne le sentiment d'y aller à reculons. En arrêt sur une marche, André indique à Jean, qu'il a l'impression de voir sa mère, évoluer dans la maison, alors qu'il n'était encore qu'un enfant. Les brèves révélations que sa mère lui a faites, petit à petit, se rassemblent avec davantage de cohérence et d'harmonie. Il la revoit avec ses longs cheveux châtains et ses yeux noisette lui adresser un sourire plein d'amour en lui donnant la main lors d'une de leurs randonnées, dans la région qu'elle affectionnait particulièrement.

Il pense, ensuite, qu'elle lui avait parlé de son enfance et à quel point la petite fille qu'elle était, trouvait rigide la partition déjà écrite des promenades en ville qui se ressemblaient ainsi que le code immuable des relations familiales. Il avait appris sa frustration d'avoir dû interrompre ses études au moment de la guerre et la satisfaction d'avoir pu suivre le cursus pour devenir éducatrice dans un jardin d'enfants, alors qu'elle élevait André.

Il se souvient de sa forte volonté, du souci des autres qu'elle manifestait, de l'importance de ce qui était juste et de son niveau d'exigence, la moyenne étant synonyme de médiocrité. Aucun compromis avec ses valeurs n'était envisageable sans perdre son âme. Cela a représenté une pression indirecte lors de son adolescence car elle n'exigeait pas de bonnes notes au quotidien mais il sentait qu'il devait se réaliser en suivant avec succès la voie qu'il avait lui-même choisie. Il avait été frappé par son enthousiasme lorsqu'elle avait évoqué sa participation au scoutisme synonyme de fraternité et de relations amicales. Lorsqu'elle lui avait indiqué que pendant la guerre elle était « assistance sociale », il avait songé que les scouts l'y avaient bien préparé, même si pour lui le terme de « résistante » correspondait davantage à la réalité que sa forte personnalité et son courage lui avaient permis d'affronter. Grâce aux rares confidences de sa mère, il parvient à faire émerger de cette période le récit de la libération qui éclate brusquement plein de joie et de tumulte malgré le temps qui s'est écoulé.

Les informations l'avaient certes annoncée mais la souffrance accumulée était telle qu'elle semblait impossible. Il avait fallu ensuite faire le point des survivants et des disparus, reconstruire et gérer la pénurie.

Sa mère lui avait confié qu'après la guerre, elle avait vécu le jardin d'enfant comme la continuité de sa mission en aidant les petits à se construire et à mieux se connaître, organisant jeux et activités d'éveil.

André reprend sa marche vers les piles de lettres rangées par année qu'il commence à parcourir très concentré, Jean regarde du coin de l'œil son ami qui est empreint d'une attitude de recueillement et de respect. À partir des années 1940 et encore plus de 1942, lui dit-il les courriers deviennent plus rares et plus brefs. Les sujets frivoles en sont absents. André, qui cherche à être plus proche de sa mère, s'empare maintenant du courrier avec autorité. Toutefois une hésitation à peine perceptible et l'expression de son visage semblent indiquer qu'il s'interroge sur la légitimité de cette démarche, comme s'il s'était immiscé dans la vie privée de sa mère, seule destinataire de ces courriers. Le temps s'écoule lentement pour Jean, peut-être le décor irréel et les documents relatifs à une autre époque y contribuent-ils. Il se réjouit et admire l'intensité qu'André investit dans cette tâche malgré les réticences qu'il a rencontrées et qu'il a su surmonter. Il est près de 13h, Jean, poursuit méthodiquement le classement chronologique de diverses factures et courriers de fournisseurs lorsqu'André sort de sa réserve :

— J'ai déjà lu plusieurs lettres datées de 1941 et 1942 qui me semblent récentes et j'ai l'impression qu'elles me sont adressées personnellement.

André propose à Jean une petite promenade car il commence à avoir mal à la tête et a besoin de prendre l'air, il l'invite à partir à la découverte de l'eau qu'il admire tant. Il choisit, comme itinéraire après le pont de la Creuse, d'aller vers Saint Jallet. Ils empruntent un sentier longeant des prés et des sous-bois, là aussi la lumière dépose des taches claires en jouant à travers les branches.

Ils aperçoivent maintenant le rocher des Fileuses qui surplombe les ruines de Crozant et ses rivières, André lui raconte que selon une légende, les bergères s'affrontaient lors d'un tournoi, en laissant glisser leurs fuseaux jusqu'à l'eau et remontaient le plus rapidement possible.

Parvenu au sommet du rocher, Jean s'enivre des images de l'eau dont les reflets argentés brillent au soleil et qui semble vivante tant elle change rapidement d'allure. Tantôt calme comme un lac autour du promontoire qui abrite les ruines du château de Crozant. Tantôt bondissante dans les virages qu'elle creuse profondément ou lorsque des rochers qui barrent la rivière créent une zone de rapides qui leur adressent leur musique apaisante.

Empruntant durant une quinzaine de minutes un sentier qui longe la petite Creuse et un peu plus loin la grande Creuse, ils arrivent à Fresselines.

André lui demande de fermer les yeux et d'essayer d'imaginer Claude Monet venant y peindre avec son chevalet. Il a dû lutter contre la nature qui évoluait sans cesse : couleurs, lumière, niveau de l'eau, peinant à la saisir.

Dès leur retour, André, montrant la voie, retourne avec souplesse et vivacité dans le grenier et semble très vite empli d'interrogations en lisant une lettre de sa mère datée de 1943 relatant ses promenades seule ou avec un ami à pied ou à vélo, il pense qu'elle parle à mots couverts de ses missions.

Brusquement Jean voit André devenir très pâle en tenant fermement les autres rares lettres de 1943 et de 1944 qu'il vient de parcourir très rapidement, comme s'il craignait qu'elles ne disparaissent. Il en extrait trois adressées à sa mère et réussi à les lire à voix haute :

Le 31 août 1943

Ma Chère Paulette,

Je suis passée chez toi ce matin et t'ai attendue avant de repartir, j'espère que tu vas bien, je dois me rendre dans les prochains jours à Naillat près de Dun-le-Palleteau pour une mission, j'ai du mal à renouer le contact avec mon groupe, de nombreuses arrestations ont eu lieu et je me sens en sursis. Mon déplacement à Naillat ne peut attendre et j'essaierai de revenir après. Prends soin de toi, je t'embrasse très fort.

Jeanne

Le 10 septembre 1943

Paulette,

Je viens d'apprendre l'arrestation de Jeanne et essaye d'avoir plus d'informations

Avant de revenir vers toi

Suzanne

Le 31 août 1944

Paulette,

Nous avons eu la confirmation que Jeanne Bloch dite Jeanne Dubois a été déportée dès son arrestation en septembre dernier.

Je t'embrasse

Suzanne

Bouleversé et abasourdi par cette nouvelle, se demandant même si c'est bien à sa mère que la lettre a été adressée, André réalise qu'elle a échappé à l'arrestation et que c'est une de ses collègues qui a été déportée. Elle ne lui en a jamais parlé.

Que sait-il de sa vie pendant la guerre ? Jean est ému et décontenancé, comment ses lettres identiques aux autres par leur aspect, se révèlent-elles si pesantes ? Il est venu parler à son ami des problèmes qu'il rencontre, dans un environnement supposé serein et son voyage débute par un drame qui affecte indirectement André. Ils ont du mal à trouver les mots pour exprimer ce qu'ils ressentent et un long silence s'installe entre eux.

La découverte de ces lettres, confirme à André que sa mère s'est peu confiée à lui, il reconnaît que de son côté il n'a pas essayé de l'interroger. A-t-elle considéré que son histoire pendant la guerre ne l'intéresserait pas ? N'a-t-elle pas redouté d'en revivre les douleurs à travers le récit qu'elle aurait pu en faire ?

André semblait encore ébranlé, il y a quelques instants par la distance qui s'était installée entre sa mère et lui, puis progressivement son expression devient plus volontaire et plus déterminée comme s'il est encore possible de s'en approcher.

André déclare à Jean que puisque sa mère lui a peu parlé de sa vie pendant la guerre, c'est le moment d'y consacrer du temps. Il veut comprendre son quotidien, en quoi consistaient ses missions et celles de ses collègues, en mettant ses pas dans les siens et si possible dans ceux de Jeanne Bloch-Dubois, collègue de sa mère dans la même organisation.

— Je dois revenir à Crozant dans quelques semaines, accompagne-moi et nous irons faire un tour à Naillat où quelqu'un a peut-être entendu parler de Jeanne Bloch-Dubois, qui y était en mission en août 1943. Essayons de remonter le fil de cette histoire à travers notre propre quête ou enquête.

Ce projet qui n'existait pas il y a quelques instants, devient maintenant évident et même nécessaire. Il a une envie irrépressible de le partager avec Jean.

— Ne sommes-nous pas tous les deux concernés, moi pour mieux connaitre une collègue de ma mère qui avait une vie proche de la sienne et toi parce que Naillat est à côté de Dun-Le-Palestel et que c'est l'époque de ta naissance ?

Jean s'entend lui répondre oui avant d'y avoir réfléchi, bien que les paroles d'André ne semblent n'avoir été que partiellement entendues.

CHAPITRE 3
Un ciel presque bleu

Mercredi 5 octobre : Doutes

Il est 9h, Jean d'un pas alerte s'engouffre dans les locaux du siège du groupe FT de Franck Tellier, il savoure par avance sa solitude avant plusieurs rendez-vous qui vont se succéder jusqu'à la fin de la matinée. Envahi par une profonde sensation de bien-être, il pénètre dans un bureau de passage qu'il a réservé et pose ses dossiers sur la table de travail en bois verni ; ce n'est qu'une simple table mais les rayons du soleil qui échappent aux nuages menaçants l'éclairent et lui confèrent une grâce presque irréelle. Sa chaise en bois de couleur brun foncé et située dans l'ombre permet par contraste à la table de paraître encore plus claire.

Le groupe FT est installé à Neuilly en front de Seine dans un petit immeuble relativement récent entouré de grands arbres et de pelouses. Quelques canards insensibles à la modernité, déambulent, indifférents, comme si ce décor champêtre en plein Neuilly ne constituait pas un privilège !

Comme eux, Jean serait-il imperméable aux averses ?

Il observe les arbres depuis son fauteuil et admire la danse que leurs branches et feuilles semblent exécuter sous l'effet du vent qui se renforce tout à coup. Jean pense à sa décision d'avoir rejoint le groupe FT et lui qui était de si bonne humeur, sent monter progressivement des interrogations de plus en plus irritantes. À un âge où ses amis et relations sont le plus souvent à la retraite et aspirent au repos, il relève un double défi, celui de s'adapter à un nouveau groupe avec de nouvelles fonctions. Certes, ce challenge lui procure le plaisir de l'excitation mais il se demande par instant, s'il ne met pas la barre un peu trop haut. A-t-il encore quelque chose à prouver, a-t-il peur de s'arrêter de travailler, est-ce par pur plaisir ? L'instant d'après, l'excitation qu'il ressent lui fait penser que l'action lui permettra de rester jeune et d'éviter de s'étioler. Redoute-t-il de s'arrêter de travailler et de n'avoir plus qu'une vie personnelle, lui qui s'est laissé envahir par sa vie professionnelle ? Pourquoi l'avoir vendu à un groupe, n'a-t-il pas voulu saisir une bonne opportunité ? Peut-être dans un contexte où il est difficile de survivre seul et petit, a-t-il voulu éviter de faire l'année ou le combat de trop en solitaire. Il n'a même pas essayé de la vendre à ses salariés. En même temps, depuis au moins un an ses plus proches collaborateurs savaient qu'il cherchait à se défaire de Conquest, il y a fait plusieurs allusions et pourtant il n'a reçu aucun message de leur part, peut-être attendaient-ils qu'il fasse un pas vers eux ?

Il ne se sent pas très fier d'avoir si peu tenu compte de son équipe et de son avenir, lui qui en affirme sans cesse l'importance. Le prix de la vente, en l'occurrence celui du marché mesure-t-il le travail de toute une vie professionnelle et correspond-il à une reconnaissance de sa valeur ?

Il va accompagner son entreprise pendant trois ans, quelle sera sa situation réelle au sein du groupe FT ? Et aura-t-il les moyens de mener à bien sa mission ? Réservé, introverti et ayant du mal à partager ses états d'âme, il n'en a, bien entendu, parlé à personne !

Pour retrouver pleinement le bien-être ressenti il y a peu ainsi que son ciel bleu, il réalise qu'il doit dissiper le brouillard que ses questions ont laissé pénétrer. Comme un alpiniste qui assure ses prises pour s'élever, il s'appuie sur les 3 priorités de sa mission : Mettre en place des méthodes de management communes à tout le groupe, conseiller le président pour l'acquisition d'agences de publicité et, chez Conquest, définir son nouveau rôle par rapport à Alain Fournier, garantissant à chacun son espace et ses tâches propres. Cet exercice d'alpinisme le calme momentanément mais bientôt ses interrogations reviennent et il sait qu'il va devoir y répondre rapidement.

Vendredi 7 octobre : Tourmente

En ce début de matinée, au siège du groupe, Jean, plein d'énergie, s'avance d'un pas rapide dans le large couloir ouaté et silencieux qui mène au bureau du président pour participer à un comité de direction. Mais bientôt ce silence envahissant le fait ralentir comme si ses pas allait résonner alors qu'il chemine sur une épaisse moquette de couleur claire.

Il trouve le bureau de Franck Tellier vaste et clair, décoré très sobrement mais avec goût, grâce à un subtil mariage de beige et de brun, qui crée rupture et continuité.

Jean fixe le patron du groupe FT dont l'autorité semble naturelle, il admire le port altier et l'allure décontractée de Franck Tellier, Il se réjouit de le retrouver, car il pense partager avec lui, l'analyse des situations, une attitude attentionnée, la perception du rôle de l'entreprise et peut être même sa manière de la diriger.

Jean le trouve chaleureux quoique quelque peu distant après une observation plus fine.

Franck Tellier lui semble même par moment lointain, comme émoussé, paraissant glisser sur la surface d'un lac imaginaire plutôt que d'en pénétrer les profondeurs. Jean est alerté par un discours bien construit, rodé mais déjà érodé par de multiples utilisations.

Il s'exprime maintenant avec lenteur et lassitude, les traits tirés comme accablé par une fatigue intense. A-t-il projeté sur Franck Tellier sa passion et son engagement personnels ?

Jean a rejoint le groupe FT en misant sur la personnalité de Franck Tellier qu'il avait perçue. Voir en Franck Tellier un double lui a permis de rêver à une main tendue pour se glisser dans ses nouvelles fonctions. Toutefois la réalité, l'oblige à réévaluer cet homme privé d'énergie, dont la passion, comme la pierre polie du torrent, a été victime de l'érosion.

Lundi 10 octobre : Équilibre fragile

En ce début de matinée, Jean, bien calé dans son fauteuil, les yeux mi-clos, observe d'une admiration enfantine, la course rapide des nuages.

Il pense, en ce moment, aux cerisiers de son enfance couleur rouge feu. Cette image se superpose à celle d'autres cerisiers, dont il admirait la diversité de parures, les frêles bourgeons, les magnifiques bouquets de fleurs blanches et bien sûr les cerises dont il guettait impatiemment l'évolution comme s'il les regardait mûrir avec gourmandise, observant le rouge vermillon devenir carmin.

La venue imminente d'Alain, l'oblige à écarter les souvenirs de Creuse, qui lui procurent cette douce sensation d'apesanteur. Jean lui a demandé de venir le voir afin de l'informer de son nouveau poste et de tester ses premières réactions. D'un ton jovial mais non dépourvu de malice, il apostrophe, son ex-adjoint, dès son entrée :

— Bonjour Alain, félicitations pour ta nomination au poste de Directeur Général, tu es le responsable opérationnel de Conquest !

Après avoir bougonné qu'il ne s'attendait pas à prendre ce poste si vite, Alain esquisse un léger sourire que Jean interprète avec soulagement comme une acceptation. Toutefois, le front maintenant plissé d'Alain suggère que les choses ne sont pas si simples. Il n'est peut-être pas très content d'hériter d'un poste où il va être assujetti à deux supérieurs. Jean pour la hiérarchie stricte et Maurice Loste, le responsable du Pôle Conseil pour le fonctionnel.

Jean lui précise qu'il aura l'occasion de détailler cette fonction au fur et à mesure des questions qui se poseront et qu'en attendant, il souhaite le laisser agir avec indépendance pour gérer le quotidien.

Alain Fournier, réussit à articuler que s'il connaît Jean depuis longtemps, il a encore du mal à imaginer le travail avec Maurice Loste.

Jean lui indique ne pas hésiter à venir le consulter dès qu'il l'estimera nécessaire. Le visage maintenant dépourvu de toute expression, il salue Jean en quittant son bureau.

Demeuré seul, Jean, pense à l'entretien qu'il vient d'avoir avec Alain Fournier et se satisfait tout d'abord de son approbation tacite, reconnaissant avoir passé jusque-là, peu de temps à l'informer du contenu de son nouveau poste de Directeur général. Puis, Jean se souvient de l'inquiétude qu'il a lue dans ses yeux lorsque Alain a évoqué le futur des relations de travail avec Maurice Loste. Même avec Alain, l'équilibre risque d'être fragile.

Il observe avec une satisfaction teintée de nonchalance, son bureau qu'il a transformé il y a un an et qu'il n'a pas l'intention d'abandonner. C'est d'abord un repère fixe dans son nouvel environnement. Les murs nus sont décorés de tableaux modernes aux coloris pastel et sa table de travail est ornée d'une petite lampe presque amusante où des objets semblent flotter dans de la résine. La bibliothèque rassemble, quant à elle, dans des vitrines les prix obtenus pour de nombreuses campagnes de publicité, des objets illustrant les métiers de ses clients, des livres professionnels ayant trait à la Publicité ainsi que quelques rares ouvrages d'art. Au milieu de ces éléments, somme toute attendus, émerge une sculpture africaine en bois foncé sur un socle de marbre clair, représentant une femme de forme ovoïde, enlaçant son enfant, elle est adossée à un livre imposant traitant des civilisations, semblant le soutenir à moins que ce ne soit le contraire. Jean y est très attaché parce que c'est un cadeau d'un ami proche rapporté d'un de ses voyages et que ses lignes et ses courbes à la fois traditionnelles et très modernes semblent intemporelles.

Avoir su adjoindre des touches personnelles à un environnement professionnel lui procurent un grand plaisir. Tel un homme happé par son travail il tient à signaler qu'il existe aussi en dehors de celui-ci !

Mardi 11 octobre : Erreur de jugement

Une étroite table rectangulaire accueille les cinq participants du comité hebdomadaire Conquest dans une petite salle de réunion faiblement éclairée.

Avant la réunion Jean est animé par le souhait de permettre à Alain d'acquérir son autonomie et lui a confirmé vouloir l'accompagner sans agir en le laissant faire seul ses premiers pas. Il lui a d'ailleurs demandé d'animer ce comité, accompagnant sa décision d'un ample geste de la main, illustrant le début de son nouvel envol, avec un brin de paternalisme.

Jean, très ému, est à la fois satisfait et contrarié, partagé entre le sentiment de réussite qu'il éprouve en transmettant le flambeau à Alain et la frustration de ne plus ressentir le léger frisson d'excitation qui annonce une action prochaine.

Lorsqu'Alain, prend la parole pour annoncer l'ordre du jour, Jean le trouve tendu, cherchant ses mots, d'un maintien raide, quasi militaire prêt à partir en guerre mais son expression traduit aussi autre chose que Jean n'arrive pas à définir.

Alain lance maintenant un regard circulaire et sombre aux participants, Jean excepté, évidemment.

Le Directeur financier, assis à gauche d'Alain semble préparer son intervention, l'air sérieux et les lèvres déjà en mouvement comme s'il répétait son discours.

Le Directeur Commercial à la droite de Jean, les traits tirés, a l'air préoccupé, sans doute, se sent-il la cible idéale de l'ordre du jour, axé sur les résultats.

Jean s'efforce de rester neutre dans son expression et constate que la proximité spatiale des cadres de Conquest ne les a pas unis. Certains regards aiguisés comme des poignards sont, en effet, loin d'exprimer la solidarité espérée.

Alain précise que pour réussir à préserver leur autonomie, il faut remplir deux conditions, la première est d'afficher de bons résultats, ce qui est loin d'être les cas, à la lumière des ventes constatées récemment ainsi que de celles prévues.

Gauche et hésitant après l'intervention d'Alain, le Directeur Commercial comme s'il puisait de l'énergie dans l'emportement d'Alain, prend un ton plus assuré, plus ferme, à la limite de l'agacement affirmant, en détachant chaque syllabe, que les clients face à l'incertitude économique reportent leurs décisions.

Le Directeur commercial est visiblement écartelé, hésitant entre confirmer sa vérité, ce qui le dirige vers l'affrontement et se plier à celle de son patron, à savoir que les objectifs vont être réalisés.

Face au ton plus déterminé de son Directeur Commercial, Alain demeure silencieux, en arrêt, hésitant à se lancer dans une escalade verbale et à ouvrir les hostilités. Pourtant Jean lui découvre un regard, qu'il ne lui connaît pas se charger de colère, il y lit la volonté de faire plier son Directeur Commercial, qui par son opposition, représente maintenant un danger.

Observant à son tour le regard hostile d'Alain, le Directeur Commercial prend conscience de se diriger vers un conflit et choisit le silence en observant fixement le dossier posé devant lui.

Interprétant cette attitude comme une marque de respect voire de soumission, Alain choisit d'éviter de monter le ton et d'adopter une attitude agressive, précisant qu'il détaillera ultérieurement la deuxième condition, précédemment énoncée, celle d'être exemplaire.

Jean, toujours plein d'humilité, bouillonne intérieurement, comment peut-on être « exemplaire » alors qu'il est déjà si difficile de demeurer en phase avec soi-même et avec ses propres valeurs ?

Dans le passé, Jean a déjà observé le visage tourmenté d'Alain lorsque remontait à la surface la crainte de revivre des échecs passés mais il y voit maintenant un homme qui se sent moins protégé dans cette organisation plus complexe. Il comprend mieux son expression qu'il ne réussissait pas à déchiffrer tout à l'heure et qui maintenant traduit clairement l'inquiétude et la peur du changement. Cette découverte d'un « nouvel » Alain l'ébranle.

Jean pense à ces repas familiaux où enfant, il ne pouvait prendre la parole que si on la lui donnait. Aujourd'hui, c'est sa propre décision mais ce qui en résulte est proche : devoir mettre un couvercle sur ce qu'il ressent.

Dans l'océan de questions qu'il se posait, Jean, n'a pas été effleuré par le doute en choisissant Alain pour lui succéder. Une de ses rares certitudes est en train de s'évanouir. S'il a mal appréhendé la complexité de la personnalité d'Alain, un ancien compagnon de route, comment éviter les embûches à venir ?

CHAPITRE 4
Second voyage en Creuse

Samedi 15 octobre Une action en Creuse

Il est 9h, Jean rivé à son téléphone répond à la première sonnerie lorsque André l'appelle pour passer le prendre une heure plus tard à destination de Crozant, Il connaît une employée de la mairie de Naillat qui pourra les renseigner sur les activités de sa mère.

Pourtant enchanté par la perspective de ce voyage, Jean est assailli pendant le trajet de songes menaçants. Il pense à Hélène et se demande comment elle a pu être et demeurer amoureuse de lui, de son côté il l'aime mais les jours les plus sombres, il se demande s'il n'est pas seulement amoureux de l'image de la femme mythifiée. N'est-il pas envoûté par ses propres paroles sur l'amour idéalisé ? L'instant suivant, il balaye ces impressions presque avec amusement, rassuré par l'intensité du sentiment qu'il éprouve.

Arrivés à Naillat chez l'employée de mairie, André, lui expose sa tentative de reconstituer le déplacement de Jeanne Dubois Bloch en 1943 à Naillat.

— Vous venez brusquement me demander l'emploi du temps d'une résistante il y a plus de soixante-dix ans, dix-huit ans avant ma naissance et cela semble vraiment urgent. Reconnaissez qu'il y a de quoi être surprise ! s'exclame-t-elle dans un grand éclat de rire communicatif. Je plaisante, bien sûr, laissez-moi réfléchir… vous pouvez essayer de contacter Georges Berger fermier à Poulignat qui fait partie de la commune de Naillat. Prenez la D44 direction de Saint Priest la-Plaine et à gauche vous le trouverez après « Les Granges ».

Arrivés à proximité du lieu recherché, André prend la parole :

— Bonjour Monsieur, nous cherchons Georges Berger.

— Qu'est-ce que vous lui voulez ? répond l'inconnu, l'air fermé.

— Lui parler du mois d'août 1943, le trente et un pour être plus précis.

— Ça alors, vous êtes sérieux ?

— Tout à fait, répond André, essayant de mettre à l'aise son interlocuteur par un sourire.

André commence par lui raconter qu'en classant des lettres dans la maison de ses parents, ils ont trouvé un courrier d'une certaine Jeanne Dubois ou Jeanne Bloch qui travaillait dans la résistance juive comme sa mère, soignant, ravitaillant, fournissant des papiers et cachant des enfants. Le 31 août 1943 elle est passée voir la mère d'André, laissant un mot indiquant avoir une importante mission à Naillat, quelques jours plus tard.

C'est la mairie de Naillat, contactée récemment, qui les envoie.

— Je suis bien Georges Berger et à cette date j'avais une bonne vingtaine d'années, je dirigeais la ferme, mon père avait été malade une bonne partie de l'année et j'étais dans la résistance, dit-il en se remettant petit à, petit de sa surprise.

— Quels sont vos souvenirs de cette période ? intervient Jean, qui sortant de l'ombre d'André commence à s'impliquer et à s'intéresser à cette enquête, le débit de sa voix s'accélère et ses gestes deviennent plus amples.

Georges Berger indique que si on l'entraîne sur le chemin de sa jeunesse la route paraîtra sans doute longue ! Pour la retrouver, il se concentre intensément, le front plissé et les yeux mi-clos. Il se souvient qu'il travaillait comme les siens à la ferme, il fallait aller aux champs, conduire les bêtes, rentrer les légumes : pommes de terre, raves, betteraves, topinambours, rutabagas, engranger le fourrage, nourrir les cochons, poules et lapins, traire les vaches, faire les moissons, tailler les haies, nettoyer les étables, couper du bois, entretenir la ferme. Le mois d'août n'était pas celui des loisirs ! Entraîné par le flot captivant des paroles de Georges Berger, Jean n'en observe pas moins son regard passionné, le mouvement rapide de ses mains ainsi que ses yeux mi-clos à la recherche du temps passé. Grace à la résistance, Georges Berger raconte avoir rencontré des gens d'autres villages exerçant différents métiers et que cela a représenté une ouverture sur la société.

Il recevait des tracts et des journaux clandestins à diffuser de la part de quelqu'un dont il ne connaissait qu'un prénom, qui n'était pas toujours le sien, les messages étaient destinés aux paysans soumis aux réquisitions de céréales et de bêtes ainsi qu'aux femmes de prisonnier.

De nombreux réfugiés sont venus en Creuse, des lorrains, des parisiens et des méridionaux et parmi eux des juifs qui changeaient de nom pour essayer d'échapper aux rafles dont on ne connaissait pas la destination. Le service du travail obligatoire (S. T.O.) a été instauré en 1942 obligeant les jeunes à travailler en Allemagne ou dans les zones d'occupation. Le 11 novembre 1942 la zone libre a été supprimée.

— Quelles furent vos autres actions dans la résistance ? s'exclame Jean n'hésitant pas à l'interrompre, impatient de connaître les actes accomplis personnellement par Georges Berger.

Ce dernier raconte, la tête et les mains en mouvement, que son groupe dissimulait de jeunes réfractaires dans un bois touffu et leur apportait de la nourriture dans une cachette. Ce bois, comme beaucoup d'autres, s'est transformé ensuite en maquis avec au commencement seules quelques armes déjà anciennes. Il évoque, replié sur lui-même, le souvenir de la rigueur de l'hiver qui les obligea à changer de cachette.

— Et vos faits d'armes ? l'interroge Jean, de plus en plus curieux et impatient.

J'y viens, en suivant mon chemin ! Georges Berger raconte avoir progressivement basculé dans le maquis sans sortir des bois et en laissant la ferme à ses frères. À l'évocation de sorties correspondant à des attaques de mairies pour s'emparer de papiers et de tampons, à des actions pour récupérer des armes ou à l'exécution d'un milicien, son débit s'accélère comme s'il revivait le rythme trépidant de ces combats, alors que le regard de Jean est de plus en plus enflammé Il évoque ensuite le souvenir des nombreux paysans de villages voisins qui les ravitaillaient et des maires sympathisants qui les alertaient souvent des actions des gendarmes. En juin 1944, dans les jours suivants le 6, ce fut l'assaut donné aux sièges des organismes militaires allemands et français puis l'arrivée des SS et de leurs sinistres représailles. Ces attaques devaient désorganiser l'ennemi et ralentir la remontée des divisions SS vers la Normandie afin qu'elles y arrivent trop tard pour participer aux combats suivants le débarquement.

Jean boit ces paroles, fasciné par un récit qui se réfère à une période qui semble lointaine mais qui correspond à celle de sa naissance !

Après avoir fui cette époque pendant tant d'années, c'est comme si, maintenant, il souhaitait en suivre tous les méandres en rattrapant le temps perdu. Il se passionne aujourd'hui pour cette évocation qui le blessait hier.

Malheureusement, Georges Berger ne conserve aucun souvenir d'une mission à Naillat en août 1943. Il leur suggère de contacter Jules Bernard, fermier à Naillat, à peu près du même âge et qui a aidé des résistants, sa ferme est juste de l'autre côté de la départementale mais il est absent pendant une quinzaine de jours.

André et Jean, même s'ils ont peu progressé dans leur mission, sont satisfaits des informations indirectes recueillies qui décrivent bien la période à laquelle ils s'intéressent. Ils marchent vers Naillat pour mieux connaitre la région.

Jean s'autorise à éprouver du plaisir en Creuse, à y voyager et à s'intéresser profondément à des récits s'y rapportant.

Il intercepte le sourire de satisfaction d'André, en train de l'observer.

— As-tu une photo de la seconde ferme où tu as été élevé par tes parents adoptifs ?

— Non, mes souvenirs sont composés d'images multiples mais imprécises, d'odeurs de vibration de souffrances et d'espérance dont des photos n'auraient pu traduire la complexité. Avant l'arrivée dans cette seconde ferme, je n'ai pas de souvenirs, même pas de mauvais.

— As-tu poursuivi la recherche de tes parents ?

— Oui, bien sûr.

Jean, ému, raconte ses recherches réalisées dès l'âge de dix ans et jusqu'à son départ de Creuse. Il commença par des démarches directes et indirectes auprès de l'administration et des voisins. Il mit ensuite à contribution sa famille « d'adoption ». Ensuite il rechercha ses parents dans la rue, il s'asseyait sur une fontaine située sur une place importante ou s'adossait à un mur, dont il ressent encore maintenant la rugosité.

Jean continue son récit en précisant que ne pouvant interroger les passants sur des parents qu'il n'avait jamais vus, il demeurait silencieux en observant ceux qui pouvaient leur correspondre, en termes d'âge et de physique, espérant les reconnaître ou être reconnu. La perspective de ces sorties le réconfortait grâce à l'espoir qu'elles faisaient naître et ce malgré leur échec renouvelé au goût amer qui le renvoyait à sa solitude.

Plus tard il continua en s'installant à une terrasse de café tentant de déceler un regard au moins curieux qui accrocherait le sien. Il ne rencontrait pas souvent d'écho et croisait la plupart du temps des regards vides qui ne le voyaient pas et qui le faisaient même douter de sa propre existence. Pour accroître ses chances de réussite, il pensait intensément à ses parents, leurs traits étaient imprécis mais leur présence très forte.

Souvent, il imaginait des signes favorables qui lui permettraient de les retrouver, c'était le soleil qui le soir ne devait pas être caché par un nuage, la couleur vive des vêtements de la prochaine femme qui passerait, une famille de trois personnes qui apparaîtrait dans les prochaines minutes. Pour conjurer les échecs successifs, il imaginait sans cesse de nouveaux signes.

Il se souvient avoir été secret, renfermé, souffrant d'un complexe d'infériorité, tentant d'enfouir ses blessures. Quand résonnait l'appel « maman » ou « papa » les autres ressentaient chaleur et douceur, lui, le froid d'une lame d'acier.

Le rite de la recherche de ses parents ne prit fin qu'à son départ pour Paris, il fut à la fois très heureux de pouvoir poursuivre ses études et en même temps envahi du sentiment de culpabilité d'abandonner la seule chance de les retrouver, rompant ainsi le mince fil d'espoir qu'il s'était fabriqué à grand peine.

Il essaya d'oublier la Creuse sans jamais y réussir totalement.

André, très excité à la perspective de rencontrer des témoins et acteurs de la période de la guerre, annonce à Jean son prochain retour en Creuse et lui demande s'il est d'accord pour l'accompagner.

Seul un silence lourd et envahissant fait écho à sa demande.

Quant à lui, il s'y rendra pour poursuivre l'enquête sur des gens qui ont eu la même activité que sa mère pendant la guerre. Il commence à penser également qu'il serait utile de rechercher des traces des Duhamel, parents adoptifs de Jean. Puisque Jean semble en retrait il ira seul à la recherche d'informations.

CHAPITRE 5
Connais les autres

Lundi 17 octobre : Voyages lointains et salutaires

La réunion hebdomadaire que Maurice anime en présence de son équipe directe se tient aujourd'hui, comme chaque lundi. Ce qui la distingue des autres réunions, ce sont les visages fermés, solennels et inquiets que complète la respiration en mode apnée de certains participants. Son ordre du jour constitue une double peine : le plan de départs volontaires puis les résultats commerciaux et financiers.

Le regard courroucé que jette Maurice à un retardataire alourdit à peine une ambiance plus que pesante. Jean essaye de demeurer concentré sur la mise en place en place de sa stratégie d'observation et de contacts des responsables, dont il a pu dans son expérience professionnelle de la conduite du changement, éprouver le bien-fondé.

Il sourit en pensant que son attitude ressemble à celle d'un ethnologue observant des cultures différentes de la sienne.

Enfant il se souvient qu'il observait déjà les autres élèves car en tant qu'orphelin il essayait de sentir ceux qui essayeraient de l'enfoncer et ceux qui pourraient devenir des camarades.

Son sourire se fige en repensant au rêve qu'il a fait cette nuit où, en guerrier sur son cheval blanc, il se battait contre de nombreux ennemis sans pouvoir ni perdre ni gagner le combat qui lui semblait très long.

Ce rêve a-t-il une signification et dans ce cas quelle est-elle ?

Est-il prémonitoire, alors que dans un autre songe, un vieil homme d'allure respectable lui murmurait à l'oreille « tu dois connaître les autres » ?

Est-ce une autre direction à prendre, pour l'instant, face à l'incertitude de son combat ?

Lui d'habitude si rationnel est étonné de se poser ces questions.

En écoutant Maurice détailler le plan de départs, il réalise qu'il n'a pas d'idée précise concernant son bien-fondé n'ayant pas encore une connaissance suffisante du groupe et de l'impact d'une telle mesure.

Maurice lui semble emprunté et mal à l'aise, abusant de la langue de bois comme s'il récitait la position officielle destinée à rassurer pour quelques jours par une posture « invertébrée » qui ne donne pas de prise. Son visage contrarié ne s'éclaire que par instants, en reprenant le combat des résultats commerciaux.

Élevant fortement la voix, lors d'un emportement violent et instantané, Maurice affirme, n'entendre que tergiversations plaintives et doutes lorsqu'on lui rapporte que les clients prudents baissent leurs demandes face à la conjoncture. Jean, habité en permanence par le doute, est glacé lorsque Maurice, dans une tentative de motivation, parle de sa certitude absolue, celle de la victoire grâce à leur engagement.

Jean est brusquement ramené en Creuse pendant la guerre, il sait qu'absence de doute est souvent synonyme d'absence de liberté, de fanatisme et de système totalitaire.

Il est envahi par le souvenir des courriers lus en Creuse chez André, ce qui le ramène à une époque où l'on se méfiait de tout le monde à cause de la délation. Les enjeux étaient certes différents, une simple lettre avait le pouvoir de vie ou de mort.

Revenu dans le présent, l'attitude et l'expression de Maurice lui semblent si proches de celle d'Alain qu'elles se superposent de façon étrange. Leurs visages crispés par l'excès d'autorité s'entrelacent puis se confondent dans un ballet inquiétant.

Jean a encore une fois le sentiment que tous les acteurs sur scène ne sont que les pions d'un scénario écrit à l'avance par les « dieux » c'est-à-dire la fatalité. Leur destin ne leur appartient déjà plus ; comme dans un cauchemar, il observe des êtres impuissants explorer les couloirs d'un labyrinthe à la recherche d'une sortie mais qui se retrouvent inexorablement au même endroit, jouets d'une force supérieure.

Il est à nouveau fasciné par l'enjeu de ces personnages face à leur destin, comme dans une tragédie antique, ils sont confrontés à des situations qui les dépassent. Jean se souvient que la tragédie est l'imitation d'une action grave, avec des personnages qui « agissent » ! Il se remémore également que les acteurs jouent plusieurs personnages, chacun étant identifié par son masque !

Jean décide d'observer Maurice plus minutieusement ; l'expression de son visage, ses lèvres minces, et son corps de petite taille traduisent une grande détermination, celle de ceux qui se sentent investis d'une mission de la plus haute importance et qui sont tendus vers leur objectif. Il est frappé par son regard pénétrant et froid que l'on remarque davantage que ses traits plutôt ordinaires.

Cette froideur se retrouve dans son bureau où il a privilégié la couleur gris acier sur de nombreuses et imposantes sculptures et que le verre est présent dans de multiples objets décoratifs, ainsi bien sûr que dans les vitrines de la bibliothèque. Au-dessus de la table de réunion trône un barracuda en acier retenu par des filins fixés au plafond, pourquoi siéger en réunion sous un barracuda ? Jean se demande si c'est sa silhouette fine et puissante qui ressemble à une épée qui fascine Maurice Loste. Symbolise-t-elle l'épée de Damoclès, tel un avertissement à destination de ses visiteurs ? Maurice ne laisse sans doute personne se mettre en travers de sa route, il semble fixer un cap, mettre toute son énergie à atteindre son objectif, et fonctionner comme un laser, il a l'air directif et autoritaire malgré le fonctionnement transversal qu'il met en avant.

Jean voit défiler les visages des différents responsables qu'il a côtoyés et qui appartiennent à cette typologie, ces images s'accélèrent formant un film étrange dont les traits des personnages se déforment en s'allongeant pour devenir inquiétants.

Les messages de ces obscurs voyages en pensée tant dans l'antiquité qu'en Creuse deviennent plus clairs. Il se sent, tout à coup, porté par un souffle puissant et profond de révolte contre toute attitude totalitaire ; ce souffle le dépasse et semble provenir des entrailles de l'histoire. Sans pouvoir réagir, cette force le fascine mais son changement personnel l'inquiète en même temps, ne sachant pas quelle en sera l'ampleur. Jean se revoit très jeune en Creuse où face à ses problèmes ne trouvant pas d'issue il se heurtait aux murs imaginaires de sa prison intérieure.

Vendredi 21 octobre : Liberté conditionnelle

Ce matin, en l'observant se déplacer vers son bureau d'une démarche lourde, le torse incliné et les bras presque ballants, Jean trouve Alain las et fatigué, il se sent quant à lui détendu et déterminé à accompagner les premiers pas d'Alain ; il s'assoit à ses côtés pour la dernière réunion de la semaine qu'Alain organise dans son bureau. La noirceur du ciel pourrait faire croire, en cette fin de matinée, que la nuit est déjà tombée.

Une fois tous les participants installés, Alain, prend la parole en débutant la réunion par l'autonomie de Conquest.

Il demande à chacun de demeurer vigilant quant à toute tentative du groupe visant à absorber et à digérer Conquest comme un simple département, la privant de son identité.

Son expression maintenant, elle aussi déterminée, souligne sans ambiguïté qu'il attend de chacun la plus stricte observation de cette consigne, la priorité doit être de créer une équipe solidaire, loyale et fidèle.

Déjà moins détendu, Jean juge quant à lui, prioritaire la réussite de l'intégration au groupe FT.

En fixant les yeux d'Alain, il a l'impression d'y lire de la mauvaise humeur tant son regard est sombre, puis de l'incompréhension et de la solitude dans des yeux plus tristes. Il croit deviner dans les yeux d'Alain qui l'observent en retour, la recherche d'un assentiment et le besoin contradictoire de marquer son territoire ; quelques instants plus tard, ils expriment de l'admiration et de la reconnaissance pour l'avoir fait évoluer jusqu'à son poste actuel. Encore plus tard, son regard froid et son agacement perceptible expriment à Jean le reproche d'avoir vendu la société à un groupe sans lui avoir détaillé son propre avenir. Tel un pendule, Alain semble osciller d'un état d'âme à l'autre, entraînant Jean dans son sillage.

Cherchant à mieux comprendre comment Alain vit réellement son poste, Jean l'a interrogé en début de matinée, Alain, sans lui répondre directement, lui a seulement indiqué, que dès sa nomination, la tendance s'était retournée et que l'attentisme était devenu la devise des clients et de l'équipe ; ses paroles et son expression abattue traduisent un sentiment de malchance et de manque de soutien, comme s'il était incapable de résister à la pression.

Alain a également confié à Jean considérer que les anciens salariés, les modes de fonctionnement, fussent-ils tacites ainsi que les valeurs de l'entreprise forment le socle et l'ossature de la culture d'entreprise qui maintiennent l'ensemble. Sans cette base, Alain redoute que « l'ouverture » ne se traduise par l'imposition de l'identité du groupe. Au travers des paroles qu'il a prononcées, Jean le sent prêt à couper les ponts avec le groupe comme le ferait un seigneur en levant le pont-levis et en renforçant la garde de son château fort menacé ; ce qui l'inquiète et l'irrite à la fois. Jean sait qu'Alain a déjà été écarté de son poste avant son arrivée chez Conquest et qu'il a vécu son éviction comme un échec dont la blessure, ne s'est jamais totalement refermée, ce que Jean comprend tout en rejetant son « intégrisme ».

Jean se dit, plus que jamais, qu'il lui faudra accompagner le démarrage d'Alain et que son intervention personnelle sera bientôt nécessaire pour fixer et maintenir le bon cap, favorisant souplesse et ouverture.

Jean se sent maintenant accablé par la lourdeur de sa tâche : la navigation dans le groupe est comme prévu, complexe mais après avoir découvert qu'il avait mal évalué Alain dans sa capacité à diriger dès maintenant une équipe, il en tire comme conséquence qu'il doit le contrôler et le surveiller ne pouvant pas se reposer totalement sur lui pour gérer Conquest.

Il doit le mettre en liberté conditionnelle mais lui-même qui ne sait comment agir, est-il encore un homme libre ?

Lundi 24 octobre : Portrait d'un adversaire

Jean se dirige maintenant vers le bureau de Maurice, avec qui il a rendez-vous, d'un pas mesuré comme s'il retardait une rencontre qu'il prévoit difficile et qu'il appréhende à la lumière de ce qu'il a constaté de sa personnalité. Après avoir salué Maurice aussi chaleureusement que possible, compte tenu de son expression impassible, Jean, pour détendre l'atmosphère esquisse un timide sourire. Il lui confirme venir faire le point sur sa mission « méthodes ». Ce qu'il ne dit pas à Maurice, c'est qu'il souhaite tester dans quelle mesure il est prêt à recevoir des conseils dans son domaine. Tel un sphinx, Maurice n'exprime rien, rendant toute interprétation de son attitude impossible. Alors que Jean s'apprête à commencer très prudemment, comme lors de la traversée d'un champ de mines, Maurice accepte un appel téléphonique de la Directrice des Ressources Humaines du groupe et lui demande de réfléchir au développement de son Pôle Conseil.

Il n'est même pas surpris que Maurice ne s'en excuse pas, il reçoit le message que Maurice a des dossiers plus importants à gérer que sa mission. Ces informations enrichissent le portrait de Maurice que Jean a commencé à dessiner. Jean a compris en observant son regard froid, depuis leur première réunion commune, que la motivation de Maurice lorsqu'il fixe les autres, n'est ni l'humanisme ni l'intérêt qu'il leur porte, mais seulement la collecte de données. Son remarquable calculateur interne les agrège aux autres informations dont il dispose, lui permettant ainsi de classer, jauger et juger chacun directement.

En croisant le regard inquisiteur de Maurice, Jean a la curieuse impression que Maurice fait durer la conversation téléphonique pour tenter de le mettre mal à l'aise. De plus, il le soupçonne d'essayer de mieux le connaitre en scrutant ses réactions non verbales.

La curiosité de Maurice ne traduit-elle pas qu'il devient, à ses yeux, un adversaire potentiel ? Il se replie sur lui-même instinctivement pour ne se dévoiler qu'avec parcimonie. Dès qu'il raccroche le téléphone, Maurice, à l'offensive, comme s'il cherchait encore à le mettre en difficulté, commence l'entretien dans un style direct qui lui est propre, empiétant sur le domaine personnel, loin de l'objet de l'entretien :

— Il semble que vous soyez le chevalier blanc du groupe et comme tous les rôles sont nécessaires, j'en suis sans doute le noir. Avez-vous connu l'échec dans votre vie professionnelle ?

— Des difficultés sans doute, mais pas véritablement d'échec, ma vie professionnelle a été plutôt rectiligne souligne Jean décontenancé par cette initiative.

— Avant de rejoindre notre groupe avez-vous été confronté à la souffrance des autres ?

— Oui bien sûr, j'y pensais d'ailleurs récemment. Je me suis toujours senti concerné même si, à la réflexion, j'ai souvent réagi avec prudence. Jean s'en veut de s'être dévoilé malgré les mises en garde qu'il s'est adressé à lui-même, il réussit à paraître serein alors que cette flèche, a atteint sa cible en le faisant vaciller. Face à un directeur hiérarchique, comme Maurice, jaloux de ses prérogatives et de son pouvoir, il s'apprêtait à faire preuve de diplomatie et de souplesse, avant de constater, amer, être face à un adversaire et que sa démarche serait vaine. Maurice cherche non seulement à mieux le connaitre mais surtout à le déstabiliser pour mettre en évidence ses failles et le neutraliser. Jean a maintenant clairement le sentiment que Maurice n'apprécie pas sa position dans le groupe, parce qu'il empiète doublement sur son territoire, d'abord en demeurant le patron hiérarchique d'Alain et ensuite par les conseils de management qu'il compte donner dans son pôle.

Jean, penaud et vexé, réalise qu'il a laissé à Maurice la conduite de ce court échange au lieu de poser ses questions sur l'organisation de sa Direction.

— Il est 12h30, je vous propose de poursuivre cette conversation dans un bistro à deux pas où j'ai réservé une table. Maurice surprend Jean à nouveau, en lui proposant d'aller déjeuner, alors que leur échange professionnel n'a pas vraiment commencé.

À cet instant, sans savoir encore pourquoi, Jean pense à son sentiment de culpabilité qui remonte à son enfance quand il a constaté qu'il était bien vivant et que ses parents n'étaient pas là. Ce sentiment s'est renforcé avec l'abandon des recherches pour les retrouver à Dun-le-Palleteau, lors de son départ pour poursuivre ses études à Paris.

Depuis quelques temps, il se sent coupable d'avoir réalisé une mauvaise action en vendant sa société au bon moment pour lui, même si évidemment, lors de la vente, il n'avait pas anticipé le retournement de la conjoncture.

Il sait maintenant pourquoi une culpabilité diffuse s'est insinuée petit à petit face à Maurice : l'aveu de sa réaction prudente face à la souffrance des autres, n'a fait que renforcer son mal-être. Sur le chemin du bistro, un restaurant de spécialités du Sud-Ouest, Maurice après avoir vanté la diversité des magasins et restaurants du quartier, marche légèrement devant Maurice en silence.

Au début du repas Jean a le sentiment, qu'après un round d'observation, la joute oratoire va se poursuivre à fleurets mouchetés.

Maurice lui précise qu'il se méfie des gens imprévisibles, fussent-ils brillants. Dans la crise il préfère des cadres précis, loyaux et qui n'hésitent pas à l'informer ou à l'interroger plutôt que de commettre une erreur. Il devient encore plus dur en évoquant le devoir de contrôle et il précise que quand le bateau traverse la tempête, les instructions successives des directeurs peuvent sembler incohérentes à des esprits trop subtils, ce qui peut être gênant. Il demande à Jean si des profils de collaborateurs que certains trouvent limités ne sont pas la meilleure garantie de leur loyauté.

Jean sursaute intérieurement, lui qui maintenant en Creuse commence à être confronté à l'histoire de la deuxième guerre mondiale, se demande si le profil décrit par Maurice ne pourrait pas être proche de celui recherché par les Allemands et leurs alliés français. Tout système totalitaire n'a-t-il pas besoin d'exercer un contrôle total sur la population ?

Pendant le très bon repas, qui se déroule dans une ambiance moins tendue que celle que Jean redoutait, Maurice interroge Jean sur sa perception du groupe. Jean avoue son inquiétude quant à l'avenir et propose, pour y faire face, de renforcer la cohésion des équipes. Devant l'absence de réaction de Maurice, Jean s'abstient d'effectuer des propositions plus concrètes pour y parvenir. Bien que Maurice n'ait pas évoqué la mission de Jean, et peut-être parce qu'il a réussi à ce que Jean ne l'aborde pas non plus, ce dernier a le sentiment que Maurice défendra son territoire avec la froideur et le calcul d'un stratège.

Mercredi 26 octobre : Se retrouver en Gérard Paulin ?

Ouvert, sensible, curieux, joyeux c'est le souvenir que Jean conserve de Gérard Paulin dont il a fait la connaissance Il y a quelques années, à l'occasion d'un stage de formation professionnelle ; il lui avait tout de suite plu. Aujourd'hui Gérard Paulin est devenu Responsable de la Formation du groupe FT et Jean est impatient de le rencontrer dans le cadre de sa mission de management.

« Alors Gérard, comment évolue la Formation ? » c'est ainsi que Jean commence l'entretien ; il va une nouvelle fois constater, que cette question impersonnelle, permet à son interlocuteur de s'ouvrir et de se libérer.

Après l'introduction, assez générale, de Gérard Paulin sur la Formation et son marché actuel, il relate la façon dont il vit son poste.

Il aborde les questions qui lui pèsent et qu'il a posées à Maurice Loste : comment mettre plus de pression sur son équipe sans recevoir les notes ? comment demeurer un patron reconnu alors que des bruits courent sur son avenir ? Comment demeurer efficace sans aucun soutien dans une prétendue affaire de harcèlement ? Gérard Paulin, ému, parle de plus en plus rapidement.

Jean, très concentré poursuit son écoute et son observation de Gérard Paulin, il est intrigué et ému à son tour, au-delà d'un cadre strictement professionnel.

Il se remémore que lorsqu'il a connu Gérard Paulin, il lui trouvait l'air d'un éternel jeune homme malgré ses 48 ans, souriant, il lui inspirait confiance.

Une étude plus détaillée de son faciès aujourd'hui, dévoile des dents de brochet qui pourraient induire de la détermination. Il est svelte, élancé et son regard, même inquiet, demeure pénétrant. Jean lui trouve un visage en lame de couteau et des sourcils abondants d'où émergent de grands yeux bruns, mais son crâne dégarni lui donne l'allure d'un grand et triste échassier. En ce moment, il semble encore plus inquiet, les propos laconiques de son patron qui lui a confirmé que la question de son maintien à son poste ne se posait pas, sont loin de l'avoir rassuré. Jean est inquiet à son tour car Maurice n'a plus l'air de le considérer comme un leader crédible, ne serait-ce qu'à la manière distante et quelque peu dédaigneuse dont il le regarde. S'il ne se comporte pas comme un chef, Gérard Paulin sait que ni Maurice ni son équipe, ne lui fera de cadeau. Jean devine qu'il s'est d'autant plus investi dans son travail, qu'il vit seul et n'a que peu de centres d'intérêt extérieurs. Son horizon et son oxygène sont constitués de son équipe et de ses clients. Il se demande si Gérard Paulin réalise que son identité est essentiellement professionnelle !

Gérard Paulin, maintenant moins disert sur ses problèmes, décrit avec précision le fonctionnement de son entité en laissant apparaître, inquiétude et lassitude par moments. Jean perçoit qu'il est vulnérable et se sent très concerné par son devenir sans pouvoir se l'expliquer.

Il a la sensation que Gérard Paulin a besoin d'aide et en est d'autant plus affecté qu'en pensant à la solitude et au désarroi de Gérard Paulin il se revoit, enfant à l'école de Dun le Palleteau. Il se souvient particulièrement de cette journée où il se sentait si seul, si accablé et si désespéré qu'il ne voyait pas comment il aurait la force de continuer à apprendre. À cet instant, son maître lui avait simplement posé la main sur l'épaule, sans un mot, sans un regard en continuant à déambuler dans la classe, dans l'allée séparant les pupitres. Il avait puisé dans ce contact l'énergie de rebondir et de continuer à se battre. Son maître avait-il lu dans son expression ses profonds tourments ?

Il imagine Gérard Paulin assailli de sombres pensées qui défilent en boucles et d'où il ne ressort rien. Alternant des périodes proches du désespoir avec la sensation qu'il ne s'en sortira pas et des moments où il se dit que rien de concret ne justifie son inquiétude, qu'il est toujours à son poste et qu'il suffit de laisser passer l'orage.

L'alternance de ces phases contradictoires doit être épuisante.

Bien avant de choisir la formation, Jean a appris que Gérard Paulin voulait faire du théâtre mais il y a renoncé. Il doit aujourd'hui se demander si c'était par peur de l'échec ou par manque de courage et s'il ne paie pas aujourd'hui une erreur d'aiguillage ou d'avoir tué ses rêves de jeunesse. Jean sait qu'il est ou était un battant, il le devine essayer de se convaincre de se ressaisir.

Gérard Paulin n'est plus un enfant, il ne peut pas lui poser la main sur l'épaule et n'imagine pas, pour l'instant un autre signe de solidarité. Il s'interroge, sorti de son aquarium FT qui est Gérard Paulin et comment lui venir en aide ? Il le salue très chaleureusement en quittant son bureau, comme si cela pouvait être suffisant pour estomper son sentiment d'impuissance.

CHAPITRE 6
André voyage seul en Creuse

Vendredi 28 Octobre : Sur les traces de Jean

Avant de rejoindre sa maison de Crozant, André se précipite à la mairie de Dun-le-Palestel.

Bien accueilli, il apprend que ce sont les Boyer qui occupent maintenant la ferme des Duhamel et note leur adresse. Il a l'intuition qu'il doit chercher dans cette direction et a décidé de suivre son instinct.

Jules Bernard, le fermier de Naillat qu'ils doivent rencontrer de la part de Georges Berger, sera encore absent pendant quelques jours, la visite chez les Boyer devient par conséquent incontournable.

Installé chez lui il renonce, pour aujourd'hui, à poursuivre le tri des différents documents, souhaitant, après une semaine très chargée, s'octroyer une soirée de détente, rêvant après le dîner d'écouter de la musique devant un feu en compagnie d'un bon roman.

Dès le lendemain matin, il rejoint le grenier et continue le classement en commençant par les photos. Il découvre de nombreuses photos de ses parents et surtout de sa mère, celles qui pourraient correspondre à la période de la guerre lui procurent un frisson comme s'il en ressentait encore le danger. Il se demande comment amour et douceur ont pu cohabiter si harmonieusement avec volonté, énergie et courage.

Des lettres de l'immédiat après-guerre annoncent des réunions de son organisation à Lyon et à Paris. À son retour, sa mère évoque la joie d'avoir retrouvé ses collègues et la tristesse des informations partagées. En Limousin elle ne disposait que des informations locales liées aux arrestations, exécutions et déportations.

À Lyon et à Paris elle découvre l'ampleur du drame et écrit qu'après l'incrédulité et l'abattement, elle a pris la décision de s'occuper d'enfants dans sa future vie professionnelle. Des lettres plus anciennes, mal classées, détaillent ses missions pendant la guerre, les démarches administratives à effectuer et la difficulté de trouver les médicaments nécessaires. Elle évoque aussi la recherche de nourriture, la séparation douloureuse mais nécessaire des enfants de leurs parents ainsi que les changements de lieu de résidence. Dans une région qui n'était pas la sienne, elle ne pouvait se fier qu'à un minimum de personnes afin d'éviter les dénonciations.

En se rendant à la ferme des Boyer, Il espère que des objets datant de la guerre lui permettront de maintenir un lien avec sa mère. Il sonne et c'est une femme entre deux âges, avec un foulard sur la tête assorti à ses yeux gris clair, qui lui ouvre la porte, étonnée par cette visite imprévue. André lui expose brièvement l'objet de sa démarche qui est surtout celle de Jean Duhamel. Il est ému de penser que Jean a vécu ses premières années dans cette ferme qu'il observe attentivement, essayant de l'imaginer faire ses premiers pas dans cette vaste cuisine lumineuse où elle le reçoit. La femme sort lui présenter les dépendances et revient lui montrer la ferme avec ses grandes pièces dont le salon-salle à manger où trône une large cheminée. Elle lui indique d'un geste ample de la main les champs qui s'étalent au loin et lui montre les étables qui abritent « veau, vache, cochon et couvée » comme dans la fable « Pierrette et le pot au lait ». Elle commence à raconter sa vie et celle de sa famille depuis leur installation avec les moments joyeux mais aussi les maladies du bétail et des cultures, les prix de vente trop bas et la longueur des journées de travail. Elle n'arrive pas à s'arrêter, heureuse de rencontrer quelqu'un qui s'intéresse à son exploitation.

Bien que touché par son récit, André à voix basse pour l'interrompre plus doucement, lui demande si elle a trouvé, à leur arrivée, des objets qui auraient pu appartenir à un enfant à la fin de la guerre. Après s'être replongée dans la période de leur installation, elle doit avouer n'en conserver aucun souvenir.

Brusquement elle se dirige vers le téléphone pour appeler Auguste, un voisin qui vit toujours avec ses enfants dans une maison voisine et qui, vu son âge, a dû connaître les Duhamel.

— Bonjour Auguste, je suis avec quelqu'un dont un ami a vécu depuis sa naissance en 1943 dans ma ferme jusqu'à la mort des Duhamel, te souviens-tu de cet enfant ou de ce que les Duhamel t'en ont dit ?

Madame Boyer, sourit en mimant Auguste, qu'elle connaît bien, se tenir la tête de sa main droite pour mieux accéder à ses souvenirs. Je mets le haut-parleur afin qu'il t'entende. Après un long silence, Auguste répond :

— J'ai un vague souvenir d'un enfant dans la ferme mais pendant la guerre on ne se parlait que de l'essentiel et je ne me souviens de rien de particulier sur cet enfant.

Si, maintenant je me rappelle que les Duhamel ont adopté un nouveau-né sans en connaître les parents, ils nous en ont parlé à la fin de la guerre pour ne pas nous faire prendre de risques en cas d'interrogatoire.

Madame Boyer semble déçue que la résolution de cette intrigue qui a pris sa source dans sa ferme ne progresse pas davantage.

Elle propose à André de revenir avec son ami, espérant ainsi, malgré sa déception, qu'il poursuive sa recherche. Après l'avoir chaleureusement remercié de son accueil, André s'éloigne et décide de téléphoner à Jean. Mal à l'aise d'avoir effectué ce voyage en solitaire, Il bredouille appeler depuis la Creuse où il s'est rendu seul, faute de réponse claire de sa part. Jean grommelle qu'effectivement, il y a un peu moins de deux semaines, il n'était pas prêt à franchir cette étape.

Il affirme que maintenant, non seulement il se sent prêt à s'y rendre mais il interroge André sur la date du prochain voyage !

André lui résume ses démarches et ses espoirs en retrouvant la ferme des Duhamel qui se sont révélés vains. Jean est très étonné par cette initiative d'André de pénétrer ainsi son territoire personnel sans lui en avoir parlé, sidéré, il ne la comprend pas et se sent à nouveau seul, il en devient agacé même, puis juste avant de s'emporter, prétextant une urgence, il met fin à la conversation. Il gesticule et parle tout seul, et pose la question : a-t-on déjà vu un ami s'immiscer de façon aussi abrupte dans la vie privée de l'autre, en sachant que ce sujet est particulièrement sensible pour lui ? Jean parcourt son bureau à grandes enjambées en en faisant le tour à plusieurs reprises, au bout d'un moment, le calme revient.

Il rappelle son ami et en lui, parlant, il ressent qu'André a agi par amitié pour l'aider à affronter son passé, il en est même touché. Il va poursuivre la démarche initiée par André, en prenant la direction d'une deuxième enquête, celle de ses origines et demande à nouveau un retour en Creuse au plus tôt.

DUN-le-PALLETEAU — L'Hospice Bazennerye
Planchat, édit. Dun-le-Palleteau

11. DUN LE-PALLETEAU (Creuse) — Rue de la Souterraine

232. Dun-le-Palleteau (Creuse) — L'Hôtel de Ville

0-299. Dun-le-Palleteau (Creuse) — La Gare

3433. DUN-LE-PALLETEAU (Creuse) — Grande-Rue

CHAPITRE 7
Difficultés

Lundi 31 octobre : Marges de manœuvre

En cette triste fin d'après-midi, assis, isolé dans son bureau, Jean ne reçoit pour seul éclairage que celui de la lumière du jour qui décline.

Le coucher inexorable du soleil le rend de plus en plus songeur. Malgré ses efforts pour les écarter, Jean est assailli par le retour des questions relatives à ses nouvelles fonctions. Elles l'envahissent en vagues successives, de plus en plus fréquentes et de plus en plus violentes. En colère contre lui-même, il se reproche à nouveau son manque de clairvoyance : sa fonction de président ne lui permet pas de prendre en charge le quotidien de Conquest et sa marge de manœuvre face à Alain est quasi nulle, de plus, en tant que responsable transversal du management du groupe que peut-il faire pour faire primer sa vision face à des Directeurs comme Maurice ? En acceptant sans poser de questions les rôles que Franck lui a proposé, il s'est comporté comme s'il ne voulait ni voir ni savoir. A-t-il eu peur de risquer de remettre en cause son projet de vente de Conquest devenu vital pour lui ? Il avait une telle envie et un tel besoin de conclure cette vente qu'il a sans doute écarté tout ce qui pouvait se révéler être un frein, y compris une étude plus détaillée des tâches qu'il aurait réellement à accomplir chez Conquest et dans le groupe FT. Jean s'est toujours considéré comme un homme d'action. Il s'interroge sur le sens exact de ce mot. Hier, bâtisseur, il mettait toute son énergie pour atteindre ses objectifs, il était un chef à la tête de ses troupes. Aujourd'hui fonctionnel, Conquest exceptée, Il se sent entravé, prisonnier, enchaîné et ressent physiquement la morsure des liens ou le poids du boulet qui l'empêchent d'agir, il doit convaincre, faire adhérer et conseiller. Il doit revoir son dictionnaire interne pour considérer la promulgation de conseils comme de l'action, alors qu'il se sent bridé.

Enfin, quelle est sa marge de manœuvre vis-à-vis de lui-même et de ses valeurs, combien de couleuvres est-il prêt à avaler sans se renier ?

Abandonnant brusquement les questions qu'il se pose, en regardant sa montre il réalise qu'il est attendu pour participer à la réunion Conquest qu'Alain anime dans son bureau. Jean s'y rend d'un pas rapide.

Au cours de la réunion, le visage angoissé et autoritaire d'Alain se dévoile décidément clairement, même si cela n'apparaît que progressivement, il met Jean de plus en plus mal à l'aise. Un tour de table permet à chacun de s'exprimer dans son domaine jusqu'à ce que le sujet des ventes prévues soit abordé. Face à une nouvelle exigence d'Alain de les réaliser, son Directeur commercial ne se contrôle plus et qualifie cette position d'« irréaliste ».

Alain qui était pâle, devient presque blanc et s'engage à son tour dans une voie sans retour. Acteur inconscient d'un drame, il ne peut tolérer ce qu'il considère comme une critique violente de la part d'un subordonné devant son équipe. Jean pense encore à ces tragédies où les héros font face aux dieux. Ces hommes sont confrontés à des situations qui les dépassent et parfois les remettent en question. Jean ne pense-t-il pas à ces tragédies dans l'espoir qu'Alain se remette en question ? Se levant brusquement, Alain met fin à la réunion, au grand soulagement de nombre de participants qui, bien que surpris, sont soulagés devant la perspective d'une accalmie.

Alors que tous sont encore présents dans la salle de réunion, assis ou debout, il apostrophe son Directeur Commercial d'une voix ferme et sans appel, lui demandant de rester. Jean, demeuré bien calé sur sa chaise, est peu fier de son manque d'engagement. Malgré l'inaction qui lui pèse de plus en plus, il a décidé, une nouvelle fois, et bien qu'il sente que cette position ne sera pas longtemps tenable, de ne pas intervenir, pour laisser Alain faire son chemin tout seul ; c'est pourtant le seul endroit où en tant que hiérarchique il pourrait agir. Pour atténuer son amertume, il se dit qu'Alain doit trouver sa place dans ce nouvel environnement et se le répète comme s'il avait une chance de s'en convaincre !

La tension diminue après l'explosion instantanée d'Alain qui juge inadmissible la position de son Directeur Commercial. Ce soulagement prend vite fin lorsque la menace se substitue à la colère. Jean, affecté, écoute Alain avertir verbalement son Directeur Commercial, pour la première et la dernière fois, que quand on ne réalise pas ses objectifs depuis plusieurs mois, on doit faire preuve de plus d'humilité et de moins d'arrogance.

Visiblement, les dieux n'ont pas encore voulu qu'Alain se remette en question ce qui affecte encore un peu plus Jean qui doit renoncer au mince espoir qu'il avait conservé. Jean, qui n'a jamais supporté de voir un collaborateur rabaissé ou humilié, est blessé d'entendre le Directeur Commercial, décomposé, se justifier, il a du mal à trouver un point d'équilibre, entre l'intervention à la place d'Alain, qu'il s'impose de ne pas pratiquer et le laisser faire systématique, dont il a le sentiment d'abuser. Alors que tous les objets qui entourent : le bureau, la lampe et l'armoire semblent à Jean de plus en plus précis et présents, la silhouette du Directeur Commercial se confond progressivement avec son fauteuil, comme s'il menaçait de s'y dissoudre. Jean ne se sent pas très courageux de laisser le Directeur Commercial sans soutien et a le sentiment, en interprétant son expression renfrognée que ce dernier partage cette opinion ! Cet épisode est d'autant plus douloureux pour Jean qu'il le renvoie, une nouvelle fois, un jour particulièrement pluvieux, à l'école de Dun-le-Palleteau. Dans la cour de récréation, un élève était malmené par plusieurs de ses camarades et malgré son regard suppliant, Jean n'était pas intervenu.

Peut-on échapper au scénario de sa propre histoire ?

Mercredi 2 novembre : L'oracle

Lors de cette matinée tempétueuse, Franck préside, dans son bureau, son habituel comité de Direction. Les cieux déversent des flots d'une pluie continue qui ondule sous les bourrasques de vent. Jean, qui regarde par la fenêtre, est fasciné par ce spectacle d'une rare intensité, il ne parvient pas à en détacher les yeux, comme s'il y avait quelque chose à voir dans la rue derrière le rideau de pluie. Il revient enfin à l'assemblée et ressent que l'atmosphère est étrange sans qu'il puisse se l'expliquer. Franck, avant de démarrer la réunion demande si quelqu'un souhaite prendre la parole. Le Directeur Financier du Groupe annonce le doublement du nombre de pompes installées au second sous-sol pour juguler l'inondation, ce qui provoque la réponse de Franck :

— Cher ami, avec tout le respect que j'ai pour vous, vous me faites penser, par votre ton dramatique et vos propos sibyllins, à la Pythie de Delphes ! Jean, surpris se sent immédiatement concerné ; Franck, amusé de l'effet qu'il a provoqué, poursuit sur sa lancée lyrique en précisant que la Pythie rendait l'oracle du dieu Apollon. Le mot oracle est depuis utilisé pour désigner l'intermédiaire humain qui transmet la réponse du dieu. Elle descendait dans une salle souterraine du temple après s'être purifiée à l'eau d'une fontaine ; la voie sacrée arpentée était un chemin initiatique où l'on méditait sur les sept voies de la sagesse dont la première reprise par Socrate était « Connais-toi, toi-même ».

Ces derniers mots résonnent d'un écho puissant et personnel aux oreilles de Jean. Il songe maintenant que c'est le courroux de Zeus, dieu du ciel pour les grecs, qui s'exprime à travers la pluie et le vent. Serait-ce le message qu'il semblait tenter de déchiffrer il y a peu derrière le rideau de pluie ?

Franck, comme s'il puisait de l'énergie dans un auditoire captivé et médusé, ajoute qu'ensuite la Pythie, au-dessus d'une fosse d'où sortaient des émanations provenant des profondeurs de la terre, mâchait des feuilles de laurier et proférait des réponses aussi floues qu'incohérentes qui devaient être interprétées par les prêtres.

— Je sais que vous ne mâchez ni laurier ni aucune autre substance mais je me demande si vos propos ne contiennent pas un message !

Le Directeur Financier très gêné par l'interprétation de ses propos, qu'il souhaitait purement factuels s'excuse en assurant qu'ils sont dénués de toute arrière-pensée.

Jean plongé dans l'antiquité, se souvient que c'était les messagers qui étaient pris à partie quand ils étaient porteurs de mauvaises nouvelles et que c'est encore le cas aujourd'hui !

Il imagine maintenant, le Directeur Financier en Pythie se plongeant dans l'eau de la fontaine sacrée, alors que le second sous-sol continue à être inondé !

Jean se demande si inconsciemment Franck n'a pas senti que le groupe allait dans la mauvaise direction. Symboliquement, le groupe ne prenait-il pas l'eau comme un navire heurtant des récifs ?

En fermant les yeux il imagine, de son côté, que c'est leur immeuble qui s'enfonce. Les récifs ou l'enfoncement expliqueraient l'inefficacité des pompes ! Ces visions amplifient la perception des difficultés que Jean rencontre et lui communique de l'énergie pour se battre. Maurice sent qu'il convient d'agir afin que le groupe retrouver le bon cap. Mais ses propositions de revendiquer clairement ses valeurs, devenir le leader de son marché et viser l'excellence, sont pour Jean creuses car a-t-on déjà vu une entreprise se fixer des objectifs contraires ?

Il est attristé que ce groupe semble condamné à une gesticulation inutile faute de diagnostic établi.

CHAPITRE 8
Troisième voyage en Creuse

Samedi 19 novembre : Une enfance redécouverte

Jean se laisse conduire par André à destination de Crozant, détendu, il prend plaisir à parler avec lui de sujets anodins et ce avec légèreté pour une fois, il n'échafaude ni programme ni plan de bataille détaillé.

Une fois arrivés, ils déposent leurs affaires dans la maison d'André avant d'en ressortir rapidement sous l'impulsion de Jean, bien qu'ils n'aient aucune d'obligation. Rappelant à André qu'il va prendre la direction de l'enquête sur ses origines, il préfère prendre le temps de retrouver Dun avant d'envisager se rendre à la ferme des Boyer. D'une voix pleine d'énergie, comme s'il voulait se réapproprier ces lieux, il suggère à André d'emprunter la route de Gargilesse-Dampierre qu'il aimait tant et qui serpente le long de la rivière. Effectivement un paysage qu'il connaît émerge à la sortie d'un virage puis disparaît en s'estompant derrière les arbres. Jean évoque le souvenir des eaux de la Creuse, des champs de formes et de couleurs variées. Il se souvient également de la palette des verts, du vert pâle qui se confond presque avec les rochers au bord de l'eau au vert très foncé presque noir en passant par des verts lumineux gorgés de soleil.

Avec des copains perchés sur une colline, il sculptait des branches de noisetier avec son couteau, un Opinel et en y repensant, il refait mécaniquement le geste d'en caresser le manche en bois, plus qu'un couteau c'était et c'est encore un compagnon. Il contemplait ce spectacle en écoutant les sons provenant des villages, des animaux dans les prés, des insectes et des oiseaux. L'impression était différente selon la saison et l'heure de la journée. Le temps s'étirait paresseusement, les jours semblaient sans fin, rythmés par un rituel quasi immuable, c'est sans doute pour cela qu'il prêtait attention à toute nouveauté jusqu'à celles relatives aux vibrations de l'air. Il pense qu'aujourd'hui il court pour saisir le temps qui s'écoule, essayant de vivre le futur plutôt que le présent. Qu'est ce qui a changé, l'époque, son âge, le sentiment de finitude, lui-même ou bien ses pensées… ?

Tout à coup, il croit se rappeler que la route descend jusqu'à Dun-le-Palleteau, ou plutôt Dun-le-Palestel aujourd'hui. L'ancien nom de la ville figure sur le fronton de l'ancienne gare fermée depuis aux voyageurs puis aux marchandises. Cette gare inutilisée mais en très bon état, affublée d'un nom de ville qui n'existe plus, semble surgir du passé et possède un aspect irréel, Il a envie de la toucher en s'en approchant, pour en vérifier l'existence ou pour écarter le rideau du temps, en se laissant porter par ses souvenirs.

— Laissons la voiture et allons à pied, s'exclame Jean qui en marchant retrouve la ville qu'il a connue en faisant abstraction des voitures, des enseignes, des panneaux et de la tenue des passants ! Elle est plus bruyante, la foule est plus dense et de nombreux bâtiments lui sont inconnus.

Soudainement Jean s'approche d'une bâtisse grise fermée par une grille, c'est là où il vécut avant d'aller dans sa deuxième ferme.

Il saisit la grille à deux mains et ressent comme une légère décharge électrique, l'image qu'il perçoit devient floue, la vue actuelle du bâtiment se superpose avec celle, plus grande de ses souvenirs, à travers le contact froid du métal, certaines émotions d'enfance remontent à la surface et l'envahissent. Il se souvient avoir passé de nombreuses nuits dans le noir à pleurer tout seul dans son lit, étouffant ses sanglots afin de ne pas réveiller ses camarades de chambrée. C'est l'image particulière d'une nuit étoilée qui lui revient maintenant, alors qu'il devait avoir environ 7 ans. Les persiennes ajourées projetaient par l'intermédiaire d'un réverbère situé en face, des lignes noires parallèles sur le mur alternant avec de grandes bandes plus claires et il avait brusquement pensé qu'il allait mourir un jour, sans établir de lien avec ce qu'il voyait. Il n'avait personne à qui en parler. Une épaule, une présence, une écoute ou un geste de la main l'aurait peut-être rassuré.

Il devait avoir trois ans quand il a quitté sa première ferme à la mort des époux Duhamel, ses premiers souvenirs, quelques années plus tard, remontent sans doute à cette bâtisse avec sa grille. Ils l'envahissent aujourd'hui pour la première fois avec une netteté et une précision qui n'a pas subi l'épreuve du temps.

Les mots « assistance publique » remontent à la surface, alors qu'il les avait enfouis profondément il y a fort longtemps déjà. Il s'était interdit, depuis l'âge de sept ans, ne serait-ce que l'évocation, de ces mots tabous comme s'ils le renvoyaient à un statut social d'une caste inférieure. Pourquoi des souvenirs joyeux remplacent les précédents : les jeux avec les copains, la balle au prisonnier ou le foulard dans la cour, les promenades dans la campagne les gestes doux de certaines animatrices ? Défilent ensuite, les repas pris en commun sur de grandes tables de bois avec leurs bancs où ils étaient si serrés, les goûters où on lui donnait de grosses tartines de pain de campagne beurrées, avec quelquefois du chocolat en poudre. Ne confond-il pas avec les goûters pris à la ferme ? Le temps a passé, mais pourquoi ces évènements lointains semblent-ils ne jamais avoir été aussi proches ni aussi présents ?

En serrant cette grille Jean découvre que le manteau d'émotions a plusieurs couches, il en différencie clairement deux : celles de l'enfance faites surtout de joies et de peines et celles qu'il ressent aujourd'hui et où dominent étonnement et incrédulité.

La maison déserte, sa cour et sa grille se fondent dans le gris du ciel, de plus en plus nuageux mais Jean la voit maintenant pleine de vie, résonnant des rires, des cris et du bruit de la cavalcade des enfants qui dévalent les escaliers en bois. Il ne se résigne pas à lâcher ce portail magnétique. Le ruisseau des souvenirs qui a pris confiance, puisque rien ne l'entrave, grossit régulièrement et son débit l'a maintenant transformé en torrent. André observe fixement Jean faire corps avec la grille en demeurant silencieux, il sent qu'il ne doit pas interrompre cette scène et demeure muet et immobile. La nuit tombe et les réverbères s'allument projetant leurs ombres rituelles. La demeure abandonnée ne s'est pas éclairée comme après la cloche du coucher où obscurité, solitude et silence envahissaient la nuit. Lâchant la grille, Jean laisse maintenant courir une main le long du mur, comme pour demeurer en contact avec son enfance.

En voyant André pétrifié, immobile, pour ne pas risquer de rompre cette relation entre son ami et ces lieux, Jean s'excuse, émergeant provisoirement dans le présent.

Ses pas le portent, vers l'école communale située à quelques rues de là. Il aimait bien cette école non qu'elle fût belle ou d'une architecture particulière mais elle était indissociable de l'éveil qu'il y avait connu ainsi que de la soif de savoir qu'il y avait découverte. Il se souvient maintenant de certains camarades de classe avec qui il jouait pendant les récréations ou en dehors de l'école mais ses pensées se concentrent rapidement sur un homme. En regardant par la fenêtre d'une salle de classe, il revoit, la grande silhouette de son instituteur Monsieur Chastenet qui devait avoir une quarantaine d'années. Cet homme élancé aux yeux gris clair avait une fine moustache qui lui donnait un air martial malgré sa blouse gris foncé. Monsieur Chastenet lui témoignait écoute et intérêt et sans avoir échangé un seul mot avec lui, il sut qu'il connaissait et comprenait sa situation ainsi que sa souffrance. Il n'exprimait aucune compassion formelle où le ressenti et l'authenticité auraient été absents. Abandonnant encore une fois André, Jean plonge à nouveau dans ses souvenirs.

Il était une jeune plante sauvage et Monsieur Chastenet fut l'un des deux tuteurs où il accrocha énergie et espérance. Jean interprétait ses sentiments grâce à l'expression de son visage, où s'affichait de temps en temps un demi-sourire, et plus particulièrement celle de ses yeux au regard intense et profond.

Après une première phase d'observation, Monsieur Chastenet analysa sa rage d'étudier, se disait-il qu'elle se nourrissait d'une revanche à prendre sur la vie ? Jean l'intriguait sans doute, il décelait du potentiel en lui, mais les seuls mots dont il le gratifia, furent des félicitations pour une réponse correcte ou un devoir jugé bon.

Il voulait que Jean poursuive des études tout en sachant qu'il aurait à lutter car à cette époque, l'administration souhaitait que les pupilles de l'assistance publique rejoignent l'armée des paysans : la France d'après-guerre manquait de bras dans l'agriculture !

Monsieur Chastenet l'avait observé, puis apprécié, Jean existait donc bien, il était par conséquent digne d'estime et possédait une valeur propre.

Jean se souvient à ce moment-là s'être décidé à se battre pour laver les humiliations subies régulièrement car à l'école les élèves avaient une image stéréotypée méprisante des pupilles et les stigmatisaient. Cette violence extérieure s'ajoutait à celle qu'il s'infligeait intérieurement par sa culpabilité très présente. Il avait été abandonné, pourquoi ce rejet en quoi était-il coupable ? L'attention et la considération de Monsieur Chastenet avaient endormi des doutes qui le dévoraient. Un jour ne l'avait-il pas appelé par son prénom ? Il était en tout cas prêt à le suivre sur le chemin qu'il lui indiquerait et décidé à se battre.

Il voyait autour de lui le sort de camarades de l'assistance publique plus âgés, souvent cantonnés à des postes peu qualifiés et qui continuaient à être méprisés quels que soient leurs efforts et leur engagement.

Au nom de quelle justice devaient-ils continuer à payer leurs origines que l'on ne les laissait pas oublier ?

Malgré les médiocres perspectives auxquelles le destinait son statut de pupille, Il aimait les travaux de la ferme dans les champs ou auprès des animaux. Encore jeune, il aidait les plus âgés en rentrant de l'école, emportant son goûter. Les tâches qu'on lui confiait n'étaient pas pénibles. Les jours sans école, il commençait dès le matin comme un grand et admirait les changements de lumière et de couleur des champs, des arbres ainsi que des chemins et des rivières.

Leur promenade les entraîne maintenant à la sortie de la ville, Jean reconnaît bientôt la ferme où il avait été placé par l'assistance publique, après son séjour de pensionnaire en ville, sa deuxième ferme mais la première dont il se souvienne. Le ciel est gris et la maison sombre, pourquoi se détache-t-elle si clairement à en devenir presque lumineuse ? En l'observant, fasciné, il essaye de retrouver ses repères extérieurs, la cour carrée fermée par la grille, comprenant la maison en L, l'étable et le hangar ; derrière il sait qu'il va apercevoir le puit. Emporté par ses pensées, il croit voir une ombre derrière les rideaux, alors qu'il sait que la maison est abandonnée et que ses parents nourriciers sont morts depuis longtemps. Il a fui ces gens, cette ville et cette vie.

Aujourd'hui, il donnerait beaucoup pour entendre quelques instants leurs voix, leurs rires si rares, les bruits familiers du quotidien de cette maison où il a été placé, jusqu'à son départ pour Paris, auprès de Mathieu et Henriette Masson, paysans nourriciers d'âge déjà mur, sans enfant.

Il apprît par la suite que ces paysans étaient rémunérés par l'administration mais que Jean devait aller à l'école sous la responsabilité de ses parents nourriciers. L'assistance publique essayait par ce moyen de favoriser l'intégration des pupilles dans une famille d'accueil.

Ces paysans étaient heureux d'accueillir un enfant dont ils étaient privés et progressivement d'obtenir un renfort pour les aider à tenir la ferme, ils lui ont donné beaucoup d'affection, à leur manière, sans beaucoup parler, mais en étant toujours là dans les moments difficiles qui ne manquèrent pas. Leur rémunération, pour les frais occasionnés, n'eurent aucun effet sur leur relation, en tout cas c'est comme cela qu'il l'analysa plus tard. Par rapport à ses camarades d'infortune, il avait une chance, dont bien sûr il n'était pas conscient, les Masson n'avaient pas d'enfant, et en restant il aurait sans doute hérité de la ferme car ils étaient très attachés à lui. Ce cas de figure, très rare, était l'opportunité de sortir de sa classe sociale et d'accéder au statut de propriétaire fut-il peu fortuné. Les Masson, ayant sans doute élaboré ce scénario ne comprirent pas du tout son désir de poursuivre ses études et vécurent comme un abandon douloureux cette décision de les quitter. Son départ entraîna une rupture sur laquelle, avec le temps, il n'eut pas la clairvoyance d'essayer de revenir. Il n'essaya pas de les recontacter ni directement ni par l'intermédiaire d'amis. Aujourd'hui il souhaiterait tant les revoir, essayer de leur expliquer de vive voix sa position. Il aurait tant voulu reprendre une relation même affectée par l'éloignement. Il a réagi trop tard, ils étaient déjà partis.

— Je ne t'ai pas encore parlé d'un personnage hors du commun : Étienne Lucien, ami de mes parents nourriciers, les deux familles se fréquentaient depuis plusieurs générations. Étienne avait une grande ferme, il employait plusieurs personnes et contrairement à ma famille était très aisé. Homme de la terre, il était amoureux de sa région, la Creuse et s'intéressait aux lettres et à la musique. Autant Mathieu Masson était réservé et peu loquace, autant Étienne Lucien était volubile, il adorait raconter des histoires avec le talent et la gestuelle d'un acteur qui me ravissaient et m'enthousiasmaient. Étienne, lors de l'une de ses premières visites suivant l'arrivée de Jean à la ferme des Masson, lui apporta une feuille de papier et des crayons de couleurs et lui demanda de faire un dessin. Après le lui avoir remis, il entendit les Masson et les Lucien en parler à voix basse, sans pouvoir entendre leurs propos, l'essentiel fut le regard chaleureux d'Étienne lorsqu'il le lui remit.

Jean continue à relater ses souvenirs dont sa totale dévotion à Étienne Lucien quand il commençait à parler et à s'animer, ce qui décuplait la motivation, l'engagement et la faconde de ce dernier.

Il s'était pris d'affection pour Jean, suivait de près ses études et lui prodiguait encouragements et compliments. Il fut son second tuteur de croissance et même de résilience après son instituteur, Monsieur Chastenet. Il l'initia au plaisir de la lecture en lui apportant régulièrement des livres qu'il lui commentait, lui offrant des heures de bonheur et d'évasion ainsi que la découverte de la rêverie et de l'imaginaire. L'été, Jean partait souvent se promener, un livre sous le bras, il s'arrêtait de temps en temps devant un paysage qui l'inspirait et dévorait quelques chapitres. Étienne, fermier atypique, était aussi musicien et il lui enseigna les grands compositeurs et lui fit surtout découvrir le piano. Devant son intérêt marqué, il lui offrit des cours et lui proposa de venir travailler le piano chez lui. Germaine, la femme d'Étienne, était charmante, pianiste également, elle avait aussi des qualités exceptionnelles de cuisinière. Quand elle cuisinait, il l'observait avec admiration, elle y mettait tellement de passion que son art tutoyait la musique et la poésie. Elle disposait en artiste les produits à cuisiner sur une grande table en bois, à proximité du fourneau où plusieurs casseroles crépitaient. Son bonheur irradiait quand elle remuait, humait ou goûtait ses préparations, elle se déplaçait avec grâce alternant des gestes doux et enlevés. Avant d'y avoir goûté, les sens en éveil, j'étais déjà séduit. Il venait leur rendre visite avec les Masson mais s'échappait vite à la découverte du domaine, de la ferme, et de la maison. Dans le grenier il voyageait parmi de vieux livres, d'anciennes partitions de musique et d'objets hétéroclites qui avaient dû appartenir à leurs ancêtres.

Ils conservaient même de vieux vêtements dans des malles et Jean voyait en songe le grenier s'animer et des personnages qui avaient traversé le temps enfiler les vêtements. Ils lisaient à haute voix des passages de quelque roman puis disparaissaient à travers les murs non s'en l'avoir salué dans un grand éclat de rire. Jean découvrit ainsi Cyrano de Bergerac qui déclamait vêtu de costumes colorés, puis Cyrano s'esquivait avec un rire et un salut à chaque fois différent. Étienne ne l'encourageait pas directement à poursuivre des études, car il avait tout de suite compris la situation et il connaissait trop ses amis Masson pour ne pas deviner leur projet. Un jour, au moment du café, il avait dit à la cantonade : « Ce petit a du talent, il ira loin » et Mathieu Masson, introverti mais rusé avait répondu, sans non plus s'adresser directement à Étienne : « Jean est en avance, je pense le mettre à la charrue dès cette année ». Étienne et Germaine lui ont apporté une grande ouverture, ont atténué les doutes qui l'envahissaient, l'ont encouragé et félicité, avec beaucoup de tact et de sensibilité pour ne pas froisser les Masson qui n'avaient pas les mêmes centres d'intérêt et qui n'avaient pas l'habitude de verbaliser sentiments et louanges. Jean attendait avec impatience et excitation la prochaine rencontre. Ces années de bonheur pour les Masson, étaient simplement agréables pour Jean. À la maison s'il trouvait la vie assez facile, il aurait préféré que les Masson lui parlent plus ou expriment autrement leurs sentiments. Dès qu'il franchissait le seuil de l'école il se sentait revêtu de l'uniforme de pupille.

Bon élève, il travaillait à la ferme et aidait à la maison, faisait des efforts pour être affectueux et était relativement facile à vivre même s'il lui arrivait d'être puni pour des désobéissances ou pour avoir fait quelque bêtise car la discipline était âpre, à table, par exemple, les enfants ne prenaient pas la parole sans y avoir été invités.

Jean avait été initié à la communication non verbale par Monsieur Chastenet dont il décodait aisément les regards plein d'approbation ou de compréhension, elle lui convenait car incapable d'exprimer sa souffrance intérieure il se protégeait à l'intérieur de la citadelle qu'il s'était construite. S'il émettait quelques réserves sur l'authenticité de son bonheur, c'est qu'il était anxieux, inquiet, jaloux, des enfants de l'école qui parlaient de leurs parents, il avait appris à anesthésier sentiments et émotions pour se protéger. Il pensait qu'il avait toutefois de la chance d'avoir été recueilli par les Masson car il avait souffert, au pensionnat de l'assistance publique d'un manque de chaleur humaine, d'un manque d'amour et du manque de reconnaissance de sa propre individualité.

À la ferme il appréciait le rythme immuable et quasi ritualisé, il n'aimait pas le changement et encore moins les courts voyages, Il avait eu beaucoup de mal à trouver des repères et ne supportait pas qu'ils deviennent flous ou changeants, il était enfin l'objet d'un traitement individuel après avoir eu le sentiment de n'être qu'un élément du collectif. Il oscillait entre le statut de victime et celui de coupable, quand ce n'étaient pas les deux en même temps, il avait de plus, du mal à affronter le regard des autres et se sentait inférieur. Avait-il eu son enfance volée ou au contraire de la chance de rencontrer tant de soutien ? Aujourd'hui, il sent que ses deux tuteurs l'ont aidé à intégrer sa souffrance et à en faire un matériau de construction et de structuration. Jean a demandé aux Lucien de venir passer une dernière journée chez eux avant son départ afin de les saluer. Il les a informés qu'il consacrerait ses derniers jours de présence à Dun aux Masson afin de pouvoir les remercier. La journée chez les Lucien, quoique douloureuse fût un enchantement, ils lui prodiguèrent des attentions particulièrement délicates, des promenades renouvelées, des repas de fête, dès le petit déjeuner, de la lecture et de la musique. Étienne et Germaine lui offrirent des livres, un traité de musique et son premier dessin qu'ils avaient fait encadrer. En lui offrant le jour de son départ, leurs regards indiquaient que ce pouvait être le premier acte d'évasion de sa prison intérieure.

En les remerciant de tout ce qu'ils avaient fait pour lui, il réussit à leur dire à quel point ce départ était à la fois douloureux mais nécessaire pour poursuivre ses études en répondant à une force qui le dépassait. Comme dans une tragédie, après avoir été abandonné, il abandonnait à son tour, acte irrémédiable du destin ? Par moment il doutait de la réalité de cette journée, était-ce un film ou un rêve ? la succession des activités était si magistralement orchestrée ! Ils lui confirmèrent leur confiance en lui, leur conviction de sa réussite future, et leur compréhension de sa décision.

Jean leur demanda, très ému, de bien vouloir essayer de parler aux Masson, de les convaincre de son amour et de sa gratitude. Il insista pour qu'il leur confirme qu'il ressentait leur tristesse qui était aussi la sienne. Cette tentative de communication indirecte atténua quelque peu sa douleur. Au détour du chemin où les Lucien devenaient de plus en plus petits, il garde le souvenir de leurs chapeaux décrivant des arabesques, de leurs voix déjà lointaines et de leurs encouragements, il se rappelle de leurs rires qui dissimulaient mal des larmes et de leurs mains qu'ils ne savaient pas où placer.

Au moment de rejoindre à pied la ferme des Masson, avait-il le sentiment de ne jamais plus les revoir ?

Aujourd'hui, les Duhamel, Monsieur Chastenet, les Masson et les Lucien reposent au cimetière de Dun-le-Palestel sur la route qui mène à la gare de Dun-le-Palleteau.

— As-tu déjà parlé à ta famille des cinq hommes et femmes qui ont tant compté pour toi et qui t'ont tant apporté ?

— Sans doute très peu, ce n'est qu'aujourd'hui, que j'accepte de les retrouver, ils me parlent maintenant ou est-ce moi qui les écoute après toutes ces années ?

Jean est maintenant submergé d'anciennes odeurs d'été faites de mûres, de terre humide après l'orage, de foin, de noyer et de ferme. Il entend le chant d'oiseaux et le murmure de l'eau qui serpente. Le bruit des charrettes tirées par des bœufs et l'aboiement des chiens qui se répondent dans le lointain lui redeviennent familiers. Il se souvient, quand il rentrait à la ferme, des odeurs de soupe et de cheminée où crépitait le bois, l'image du papier tue mouche situé près de la porte d'entrée l'a marqué, elle refait surface sans qu'il sache pourquoi.

Le lendemain à Crozant, lors du petit déjeuner, Jean, d'habitude si réservé, s'anime et parle avec enthousiasme des Creusois qu'il a rencontrés dans son enfance ou depuis son retour dans la région avec André. Il s'amuse de lire de l'étonnement puis du plaisir dans le regard d'André. Il ressent que la peur de revivre ses émotions et ses angoisses enfouies s'estompe. La principale cause à son manque d'engagement dans sa vie personnelle n'est-elle pas en train de refluer ?

Les souvenirs qu'il a laissés s'échapper en volutes successives ont été bienfaisants mais ne l'ont pas encore rassasié, il a encore besoin d'un répit avant de s'impliquer pleinement dans son enquête.

Lorsqu'André lui demande s'il est prêt à l'accompagner à la ferme des Boyer, Jean lui affirme avoir déjà trouvé ce qu'il était venu chercher cette fois-ci et qu'un quatrième voyage sera nécessaire pour des démarches plus concrètes qu'il sait pouvoir réaliser.

Face aux paysages apaisants de la Creuse qui défilent lentement aujourd'hui ou dans ses souvenirs, Jean s'étonne, aussi, de penser en ces lieux au « sur régime » de sa vie professionnelle. Cette fuite en avant l'a empêché de ralentir, le confrontant à l'entreprise et non à lui-même. Lorsqu'il se penchait sur son passé, la souffrance le tenaillait un long moment, aujourd'hui il se laisse happer par le plaisir de retrouver la Creuse.

Jean ne peut résister au plaisir de partager cette émotion avec Hélène et lui téléphone, il « voit » Hélène sourire au téléphone même si elle lui demande s'il est sûr d'aller bien. Il a l'impérieux besoin d'impliquer Hélène immédiatement, lui qui partage toujours avec elle l'essentiel du présent. Au moment où il renoue avec son passé, Jean pense à cette citation : « le passé ne meurt jamais ; il n'est même pas passé »[2]. En rentrant chez André, Jean se dévisage interrogateur dans le miroir de sa chambre, le vieux miroir étiolé lui renvoie une image discontinue et floue de son visage qu'il ne peut interpréter.

Il pense maintenant à André et a la conviction qu'il a trouvé chez lui une faille de même nature que la sienne : Il sait qu'André a perdu son père très jeune et qu'il en a beaucoup

2 William Faulkner.

souffert. Il a également le sentiment qu'André s'investit dans cette recherche comme si elle était sienne mais avec une sorte de réserve ou de distance. Jean se demande si André n'a pas de mal à pénétrer l'âme creusoise. En l'observant parmi les habitants, Jean tente de s'immiscer dans ses pensées, il y trouve de l'envie pour la complicité évidente qui lie les creusois entre eux contribuant à former un cercle infranchissable ou qu'il ne s'autorise pas à franchir.

L'expression d'André, à la fois admirative et un peu triste, la position de son corps légèrement incliné vers l'arrière, tout en retenue, semblent confirmer cette hypothèse.

Il est semblable au caillou trop plat qui ricoche sur l'eau plusieurs fois avant de disparaître au loin, sans en pénétrer les profondeurs. Malgré ces difficultés, Jean est convaincu qu'André attend aussi de ce périple une plus grande proximité avec la Creuse.

Il a, quant à lui, longtemps eu le sentiment de fonctionner comme un bernard-l'ermite, qui faute de coquille propre s'installe dans coquille vide trouvée en chemin. Faute d'ascendants, il s'est moulé dans la famille d'Hélène. À un moment il s'est même attaché à un de ses oncles et à son épouse, de façon unilatérale. L'intéressé, pourvu d'une famille qu'il jugeait suffisante n'avait visiblement aucune inclination pour « l'adoption » !

Il a souvent eu la sensation de ne pas suivre « son » cap mais une voie parallèle ou décalée, comme s'il mettait ses pas dans ceux de son double ou même d'un autre.

Aujourd'hui il va en Creuse comme s'il ne pouvait faire autrement, aurait-il eu ses pensées il y a quelques mois, lui si cartésien et rationnel ? Il sent que c'est « son » cap mais lequel ?

— Penses-tu qu'il y ait toujours une solution par l'action, une action qui ne soit pas une fuite en avant ? s'exclame Jean rompant ainsi le silence.

— En Creuse, nous agissons par nos recherches. En ce qui concerne ta situation professionnelle, il y a quelque temps, je t'ai dit qu'après avoir été acteur, tu pouvais devenir spectateur, ce que tu as fait en t'éloignant de l'action. Il y a également la solution de se retirer parce que l'on n'a plus rien à faire et que l'on est fatigué par la représentation. Ton tempérament, quand tu écartes l'évitement, est de vouloir contrôler la situation, au moins en pensée or il est parfois reposant, de lâcher prise et d'accepter de se faire confiance.

— Je sais, pour maintenir une position stable, je subis une tension permanente de forces antagonistes, ce qui mobilise beaucoup d'énergie. Quand un kiné me demande de me relâcher, je pense : demande-t-on à un poisson de vivre en dehors de l'eau ?

Tout en parlant, le front plissé, Jean comprend tout à coup, sans raison apparente, qu'il n'y a jamais eu de problème de communication entre sa vie personnelle et sa vie professionnelle, ce qui rend ses ruminations plus légères. Il y a eu, comme il en a déjà pris conscience, une distorsion de comportement. Sa difficulté à faire face à ses peurs et souffrances enfouies en est la seule cause.

Il se dit à nouveau que dans sa vie personnelle il a pratiqué l'évitement, quand cela a été possible et une inaction protectrice, lui évitant de se retrouver face à lui-même, à ses émotions refoulées et à sa tâche originelle : l'abandon de la recherche de ses parents inconnus.

Il avait peur qu'une action personnelle ne déclenche la projection de son film intérieur.

À l'inverse, sa vie professionnelle, composée de fuite en avant, ne contenait aucune tâche significative. Telle une machine dont on aurait inversé le sens de rotation, il constate maintenant que c'est en Creuse qu'il agit et que c'est dans son travail qu'il se sent limité dans son action, Il n'y avait jamais encore pensé avec tellement d'intensité et de clarté.

CHAPITRE 9
Déceptions

Mercredi 23 novembre : Pouvoir perdu et tabouret chancelant

Tel un insecte bourdonnant, revenant sans cesse, la question du pouvoir assaille Jean ce matin alors qu'il s'est isolé dans un bureau de passage du siège pour une réflexion qu'il aurait souhaitée sereine.

Le mot pouvoir a pour Jean, qui aime les grandes phrases au service d'idées généreuses, une connotation négative, synonyme de domination sur les autres, avec le risque quand il n'est pas contesté, d'en abuser et de ne pas en sortir indemne. En essayant, cependant, d'être simple et terre à terre, il réalise aujourd'hui, qu'il a simplement perdu le pouvoir ! Le pouvoir signifiait pour lui la liberté, celle d'agir sans avoir de compte à rendre et celle de balayer les obstacles… dans sa fuite en avant, aujourd'hui il se sent frustré par cette perte ! Pourtant, il sait très bien que l'exercice du pouvoir a déjà provoqué chez lui, colère, passion, emportement et intolérance comme sous l'effet d'une drogue.

Réalisant que c'est l'heure d'aller chercher Franck pour déjeuner à l'extérieur, Jean monte à pied jusqu'à l'étage du Président. Il marche lentement dans les couloirs en direction de son bureau, afin de réfléchir, car il est préoccupé par le soutien que Franck voudra bien apporter à ses propositions de management du groupe. En pénétrant dans son bureau, il est quelque peu réconforté par l'accueil chaleureux manifesté par Franck :

— Je suis très heureux de vous revoir dans ce ciel plein de nuages, je vous emmène à ma « cantine », un petit restaurant juste à côté du bureau, nous y serons au calme pour deviser et refaire notre monde !

À peine attablé, Franck, lui confirme, préférer laisser les directeurs gérer et prendre de la distance vis-à-vis du quotidien. Jean, cueilli à froid comme un boxeur touché dès le début du combat, chancelle.

Convaincu que sa fonction transversale de management ne peut réellement se déployer qu'avec l'appui et l'engagement du président du groupe, il se demande si sa mission est encore réalisable.

Insensible au séisme qu'il a provoqué involontairement, Franck avoue perdre la « vista », en s'interrogeant sur son envie d'investir de l'énergie pour entrevoir cet avenir et comprendre un monde nouveau.

— Où en êtes-vous Franck, de votre projet d'acquérir de nouvelles agences de publicité ? s'exclame Jean pensant ainsi échapper à la sinistrose.

— J'ai bien peur que la conjoncture qui touche également ce secteur ne nous oblige à différer nos projets et je ne vois pas de possibilité à court terme.

— Je me sens vite las et tous ces problèmes quotidiens m'ennuient rapidement. Rassurez-vous, je n'ai pas l'intention de vendre le groupe, je souhaite rester Président avec peut-être un Directeur Général opérationnel qui me permette un contrôle plus distant.

Nous sommes deux « vieux éléphants » qui suivent des trajectoires qui pourraient être parallèles, en empruntant chacun son chemin. Toutefois, au moment où je ralentis vous semblez accélérer, non pas tant par vos actions que par l'intensité que vous semblez y investir. Si je puis me permettre une question personnelle, Jean, après quoi courez-vous ?

Il me semble que votre moteur ne soit ni l'argent ni le pouvoir…

— Le plus étonnant est que je commence seulement à me poser cette question. Je souhaite certes arrêter progressivement mais cet argument rationnel me semble bien partiel. Est-ce que je poursuis un autre but ou ai-je quelque chose à fuir ?

Malgré ses efforts pour conserver une position stable Jean vacille maintenant carrément, assis sur un tabouret professionnel à trois pieds.

Le premier, celui de la présidence de Conquest donne des signes de fragilité tant l'attitude d'Alain est éloignée de ses attentes.

Le second qui est celui des méthodes de management transversal où il a besoin que Franck s'engage, est plus qu'instable.

Le troisième pied du tabouret, celui de l'acquisition de nouvelles agences de publicité vient de rejoindre le sort du second pied.

Sur son tabouret chancelant, il se sent triste, vexé, piégé, trahi même, comme si un pacte tacite avait été rompu avec le retrait de Franck qu'il assimile à de la désertion.

Lundi 28 novembre : Effroi provoqué par Maurice

Ce matin de fin novembre est en phase avec le calendrier par la rareté de sa luminosité, Jean se rend d'un pas lent à une réunion surprise organisée par Maurice dans son bureau à propos d'un contrôle financier, en présence du Directeur Commercial de la Formation FT Gérard Paulin, et du Directeur Financier.

Étonné par cette réunion, dont il ignore l'entité concernée, il s'est préparé à retrouver en Maurice, le personnage coriace qu'il commence à connaître.

Le Directeur Financier, homme plutôt discret et effacé, gêné d'être sous les projecteurs, prend la parole d'une voix monocorde pour annoncer avoir constaté lors d'un contrôle de la formation, qu'une prestation a été facturée 20 % en dessous du tarif habituel.

À peine ces quelques mots prononcés, Jean observe Maurice laisser libre cours aux mouvements désordonnés de ses mains et de ses bras, exprimer pleinement sa colère en tempêtant qu'il existe certainement une collusion entre plusieurs cadres afin d'obtenir un avantage en échange de cette remise inhabituelle. Il ajoute vouloir connaître les « coupables », car dans une situation difficile, l'entreprise ne peut faire preuve de faiblesse.

Jean, resté muet dans son rôle d'observateur dont le costume lui semble de plus en plus étriqué, est stupéfait. Pourquoi Maurice arrive-t-il à une conclusion si hâtive ? Est-ce une posture destinée à rassurer Franck en lui montrant que le gouvernail est tenu par des mains qui ne tremblent pas ? Est-ce un moyen pour Maurice de se rassurer lui-même en se montrant fort ? Est-ce un dysfonctionnement lié à une personnalité perturbée ? L'injustice et l'irrationnel ont un effet anxiogène sur lui, amplifiant sa sensation de malaise, de tension et d'effroi naissants. Jean se surprend même à penser que cette attitude est paranoïaque, qu'adviendrait-il en cas de réels problèmes ?

Maurice se lève de façon théâtrale avec une lenteur inhabituelle et demande à Gérard Paulin, d'une voix blanche, ses explications. Ce dernier, malgré l'effet de surprise, répond ne pas comprendre ses soupçons. Il précise le bien-fondé économique de sa position, indiquant que la marge de l'année sur l'ensemble des prestations délivrées à ce client est tout à fait correcte. Comme si ses propres déclarations lui avaient permis de recouvrer de la confiance, il ajoute d'une voix plus ferme s'étonner que des soupçons précèdent la demande d'information.

Jean, toujours muet, se comporte comme s'il craignait de montrer un soutien à un opposant ou à un résistant, alors que l'attitude de Maurice et son propre silence accélèrent ses tourments, au point de lui infliger une véritable torture. Au bord d'une explosion qui aurait été libératrice, il réussit à se contenir.

En effleurant la pensée de résistance, il s'effraie d'en rechercher les traces en Creuse et d'avoir peur de la défendre dans son travail, conscient que son silence correspond à un soutien tacite à Maurice. Il y a peu, il sentait monter en lui une révolte profonde, aujourd'hui, il doit constater amèrement être retombé dans l'attentisme.

La tempête qui survint rapidement lors de la réunion fut intense mais brève car tout ce qui devait être dit concernant son objet le fut, le calme lui succéda.

Maurice y met fin de façon autoritaire et conclut :

— Dans cette période délicate et à compter de ce jour, le compte rendu de cette réunion vous indiquera la remise à ne pas dépasser sans mon accord.

Dans un silence glacial, alors qu'il semblait que personne n'avait rien à ajouter, le Directeur Financier du groupe, très solennel, prend alors la parole pour indiquer que l'eau continue à couler dans le parking du second sous-sol.

CHAPITRE 10
Connais-toi toi-même

Mercredi 30 novembre : Une part d'ombre assumée

Sans plaisir mais avec curiosité cependant, Jean pousse avec une certaine lenteur, la porte d'un restaurant du 7e arrondissement pour déjeuner avec Maurice. La salle est tapissée de velours couleur rouille en parfaite harmonie avec le bois des meubles, la lumière est à la fois chaude et discrète. L'ambiance de ce restaurant traditionnel et élégant est plus feutrée que celle du bistro de spécialités du Sud-Ouest où ils ont déjeuné récemment. Très loin du caractère rustique du bistro, le raffinement des tentures murales, du mobilier et des nappes y contribue. À son arrivée, le patron l'accueille avec un sourire qui s'élargit quand il donne, pour la réservation, le nom de Maurice Loste, visiblement un habitué des lieux. Maurice, déjà installé, se lève pour saluer Jean avec un demi sourire énigmatique. Dès que Jean prend place à table, Maurice le rassure sur l'excellence de la table alors que Jean n'en est absolument pas inquiet !

Maurice ne se laisse, comme d'habitude, pas trahir ni par ses expressions ni par ses paroles, ce qui rend difficile pour Jean de prévoir d'où son attaque viendra.

— Vous arrivez dans le groupe à un moment assez difficile et je sais que vous avez parlé à Franck de votre conception de la place de l'homme dans l'entreprise.

— Cela me passionne et fait partie de ma mission.

— Faites-moi bénéficier de vos conseils.

— Je crois déceler une pointe d'ironie dans vos propos.

— En ce moment, bien piloter mon entité à travers les écueils est ma priorité et pour y arriver, le pouvoir doit être assumé, sans complexe, comme faisant partie intégrante de nos fonctions.

C'est une responsabilité et une exigence, celle d'avoir des résultats, le reste est de peu d'importance.

— La création d'un climat motivant n'est-il pas un bon moyen pour chacun donne le meilleur de lui-même ?

J'aime amener le maximum de mes collaborateurs au-delà des limites qu'ils se sont eux-mêmes fixées, c'est sans doute ma conception de l'exigence.

— Il est vrai quant à moi, que j'aime être respecté voire craint ; les collaborateurs se fixent ainsi une limite à ne pas franchir ce qui évite des discours inutiles.

Jean est fasciné, l'exercice du pouvoir semble procurer à Maurice, force, sérénité et absence de doutes. Il est frappé par ces propos de Maurice qu'il rejette au nom de ses valeurs mais qui exercent sur lui une attirance ambiguë. Il sait que la certitude que ressent Maurice peut être l'antichambre de la folie mais il aspire avec une telle intensité à la sécurité et à la sérénité qu'il se découvre envieux de cette assurance. S'il est convaincu de la justesse de son combat pour une place plus importante de l'homme dans l'entreprise, il est cependant assailli de doutes récurrents quand il s'agit de choisir et de décider. Toutes ces interrogations l'usent à force de le remettre en question.

Comment Jean, peut-il être attiré par ce qu'il rejette, Il s'en veut d'avoir le sentiment de trahir ses valeurs et en ressent une violente colère intérieure.

Toute attitude totalitaire devrait entraîner sa ferme opposition alors qu'aujourd'hui celle de Maurice provoque son admiration. Jean est transporté soudainement en Creuse pendant son enfance, il réalise que malgré les humiliations et les discriminations dues à son statut de pupille de la nation, il n'a jamais agi en opposition à ses valeurs, excepté le jour où il n'a pas soutenu un camarade maltraité. À l'adolescence la décision la plus importante qu'il ait eue à prendre fut de rester en Creuse sur le chemin que l'on avait tracé pour lui ou de partir faire des études à Paris mettant le cap sur l'inconnu. Il pense encore aujourd'hui que c'était la décision la plus en phase avec lui-même, aussi douloureuse fut-elle.

Tout au long du repas, ils poursuivent leur débat sur la direction des équipes et Jean en profite pour revenir sur sa proposition de renforcer l'esprit d'équipe au moment où des résultats insuffisants risquent de créer des tensions, avec la peur chez les retardataires de devoir quitter le peloton.

Maurice opine cette fois de la tête sans relancer le sujet.

Ils abordent ensuite le sujet de la conjoncture et de son évolution et constatent partager un manque d'optimisme concernant le court terme, ce qui représente enfin un point commun ! Maurice est toutefois très clair en indiquant qu'il ne le reconnaîtra pas devant ses collaborateurs, qui mettent suffisamment en avant la conjoncture pour expliquer leurs faibles prévisions.

Après quelques échanges, cette fois anodins, ils se saluent et se séparent.

Encore bouleversé par ce qu'il a entrevu de lui-même, Jean, déterminé à poursuivre ses réflexions, regagne d'un pas hésitant son bureau en début d'après-midi comme si son équilibre physique avait lui aussi été atteint. Il se cale confortablement dans son siège devant un café presque brûlant, les yeux mi-clos, convaincu à travers ses volutes que pour progresser dans sa mission il aura encore de nombreux obstacles à franchir.

Il écoute le silence, comme il l'a appris en Creuse, lorsque tout à coup lui apparaît le souvenir d'un déjeuner familial où il a renoncé à s'engager dans une association d'aide aux enfants défavorisés, après avoir lutté en vain contre le retour d'un fort sentiment de culpabilité inexpliqué. Avait-il eu peur de délaisser sa famille alors que ses enfants étaient encore jeunes et qu'il travaillait déjà beaucoup ?

C'est en tout cas l'explication qu'il leur a donnée.

Il se demande, une nouvelle fois s'il n'avait pas fait le choix de l'inaction, plus confortable que la fuite en avant qui risquait de le confronter à lui-même et à ses émotions refoulées depuis l'enfance ?

Ce qui est en train de changer c'est qu'il a moins peur d'y faire face.

Il est ensuite transporté chez Conquest, il y a une dizaine d'années, lors d'une journée particulièrement difficile où deux clients étaient mécontents du retard de la présentation de campagnes publicitaires. Il se souvient avoir réuni les équipes pour les aider à conclure au plus vite leurs propositions.

Après cela, au lieu de ralentir le rythme, dans un état de tension élevé, il s'est attaqué à un lourd dossier de gestion dont l'urgence était toute relative.

Aujourd'hui, il assimile cette réaction à une fuite en avant, le ramenant à l'entreprise et non à lui-même, n'aurait-il pas plutôt dû réfléchir à ce qu'il aurait pu faire pour éviter ces retards ?

Comme dans un bal de fantômes, ses zones d'ombre et contradictions défilent et dansent devant lui.

Vendredi 2 décembre : Identification à Gérard Paulin

Jean a lu dans le regard de Gérard Paulin où domine la solitude le besoin de le rencontrer, il lui a fixé rendez-vous, tôt ce matin dans son bureau chez Conquest pour être au calme. Gérard Paulin entre timidement dans le bureau alors que Jean est occupé à la lecture de son courrier, il s'interrompt pour l'accueillir, souriant et chaleureux afin de le mettre en confiance. Gérard Paulin, tente, sans succès, de dissimuler ses préoccupations derrière un sourire un peu contraint. À peine Jean prend-il de ses nouvelles que Gérard Paulin, révolté, se libère en lui confirmant l'injustice d'accusations de harcèlement moral à l'encontre d'un de ses responsables, d'autant plus que la Directrice des Relations Humaines en a convenu à mots couverts, la plaignante étant en ce moment fragile pour des raisons personnelles. Il ajoute que tous ceux qui connaissent son responsable savent qu'il n'a pas du tout le profil d'un harceleur.

Il laisse le silence s'installer, tentant de rejoindre Gérard Paulin qui voyage dans ses pensées. En ce moment il l'imagine ressasser que l'entreprise laisse la situation se dégrader et que son affaiblissement est recherché.

Jean sait que Gérard Paulin, comme lui-même, est très attaché à ce qui est juste, il doit donc se demander pour quelles raisons le salir lui et son collaborateur au lieu de les laver d'une fausse accusation. Ses traits tirés mais volontaires, indiquent qu'il essaye de balayer ses pensées d'un revers de la main aussi pathétique qu'inutile.

Il doit se demander s'il a des accès de paranoïa ou seulement d'insécurité exacerbée.

Après avoir disparu des listes de diffusion, n'a-t-il pas le sentiment de disparaître du regard des autres ? Jean sait que Gérard Paulin, informé des bruits circulant sur sa disgrâce, a l'impression que certains l'évitent déjà. Il doit se demander qui est prêt à prendre le risque de s'afficher avec un condamné potentiel.

La disgrâce est-elle contagieuse ?

Jean sent intensément que le mal-être de Gérard Paulin s'est transformé en souffrance.

Il est transporté seul à Dun-le-Palleteau guettant ses parents sur une place ou à la terrasse d'un café alors que son regard, malgré ses tentatives, n'en accrochait pas d'autres. Il était seul, coupé du monde et comme Gérard Paulin, invisible.

Aujourd'hui il espère ne pas donner l'impression de faire partie des passants indifférents.

La proximité que Jean ressent maintenant avec lui, l'emplit de force, elle est même euphorisante comme lors de retrouvailles après de longues errances.

Il entend à peine Gérard Paulin lui murmurer que Maurice veut se débarrasser de lui alors que de son côté, il est prêt à tout faire pour demeurer dans le groupe. Il est passionné par son poste, a tissé de bonnes relations avec plusieurs collègues au cours de ses nombreuses années de présence et c'est la première fois qu'il rencontre des difficultés avec sa hiérarchie.

Il affirme que tous ses clients annoncent des intentions de commande en baisse du fait de la sinistrose ambiante et des instructions de leur hiérarchie. Il pense que c'est en phénomène général sur lequel il n'a ni prise ni responsabilité. Il pense que vouloir l'écarter est une décision purement politique qui au-delà d'être douloureuse est profondément injuste.

Il avoue même, avec franchise voire avec naïveté, que sa lassitude est telle qu'il ne sait pas s'il trouvera l'énergie pour chercher un poste à l'extérieur.

Le ton de Gérard Paulin est assuré mais Jean lit de la détresse dans ses yeux rougis sans avoir même besoin de les fixer.

Ne lui ont-ils pas déjà adressé un appel au secours ?

Il ressent comme profondément injuste le sort qui accable Gérard Paulin alors qu'il est aussi innocent et impuissant qu'il l'était lui-même en Creuse.

Sans qu'il puisse s'y opposer, la solitude qu'il a ressentie enfant remonte maintenant en puissantes vagues, entrant en résonance avec celle qu'il perçoit chez Gérard Paulin. Son souvenir est amer et doux à la fois. L'attente de la prochaine recherche de ses parents représentait un espoir ainsi que le plaisir de se retrouver seul face à cette solitude dont il se demandait s'il n'en devenait pas addict ! Il voyait les autres sans être vu puisque personne ne le regardait ; c'était à la fois une souffrance mais aussi un pouvoir surnaturel, en quelque sorte ou le besoin absolu de s'accrocher à du positif ! La douleur que Jean prête aujourd'hui à Gérard Paulin est sans doute semblable à celle qu'il ressentait lui-même enfant mais il pressent qu'aujourd'hui, s'il devait la revivre, il pourrait la dépasser.

Ses démarches professionnelles et personnelles le renvoient toutes deux à ses émotions d'enfant à travers un voyage fascinant. Il rêve que cette dynamique lui permette de réparer les injustices subies par Gérard Paulin et par lui-même. Il imagine que cette douleur sublimée puisse le transformer en chevalier ! Il ne veut plus revivre l'indifférence qui l'entourait quand son monde intérieur déjà fracassé devait supporter le regard vide des autres.

Jean sursaute en se disant qu'il est en train de devenir Gérard Paulin à force s'en être rapproché et d'avoir absorbé ses émotions. Cette angoisse en entraîne une autre, est-ce réellement la souffrance de Gérard Paulin qu'il ressent ou n'est-ce pas plutôt la sienne qu'il revit inlassablement ? Pour la seconde fois Jean se demande comment aider Gérard Paulin.

Est-il possible de lui trouver un poste au sein du groupe ? En répétant mentalement « comment aider Gérard Paulin » il pense en souriant à la mère d'André et à son métier d'assistante sociale. Il la voit, un peu flou peut-être, à travers ses photos de Crozant et les descriptions d'André. Elle se déplace d'un pas hésitant, comme si elle cherchait son chemin et se dirige vers Gérard Paulin qu'elle observe attentivement. Son regard est chaleureux et bouleversé comme si elle était face à un enfant en danger. L'effet de flou augmente mais elle semble poser la main sur son épaule avec amour pour le rassurer. Son regard et ses gestes traduisent l'intensité de son engagement et de sa détermination.

A-t-elle deviné son histoire et perçu ses émotions ? Son visage lumineux traduit maintenant une intense réflexion suivie d'un changement d'expression dominé non plus par la volonté mais par une grande douceur dans des yeux pleins d'interrogation. Ne cherche-t-elle pas à dire à Jean, vers qui elle se tourne, qu'elle ne peut agir, que c'est une autre guerre que la sienne et que c'est à lui de faire ce qui peut être fait ?

Après avoir assuré Gérard Paulin de son soutien total et lui avoir promulgué des propos chaleureux d'encouragement, Jean propose à son hôte de l'accompagner en véhicule à son bureau où il a un rendez-vous ; après un court trajet, Jean est partagé entre l'envie et la crainte de retrouver le siège avec ses rites et ses rythmes du matin. Invariablement, comme chaque matin où il est au siège, Jean voit Maurice traverser les couloirs, son chapeau gris vissé sur la tête, il l'accroche ensuite à son porte-manteau d'un geste marquant le début de la journée et se dirige ensuite vers le bureau de la DRH.

Compte tenu des informations qu'il vient de recevoir, Jean pense que Maurice est en train de lui indiquer sa décision de remplacer Gérard Paulin.

CHAPITRE 11
Actions

Mardi 6 décembre : Une action vis-à-vis d'Alain

Après avoir reporté son jugement sur l'attitude d'Alain, Jean a décidé aujourd'hui, de ne plus se voiler la face. Il est déçu par son obsession de l'indépendance. Il est déçu par son attitude agressive et injuste vis-à-vis de son Directeur Commercial. Il est déçu par son incapacité à dominer sa peur. Il est déçu de son insensibilité aux relations humaines et du déphasage qu'il a avec lui. Enfin, même s'il se dit à nouveau qu'il n'a sans doute pas fait suffisamment pour faire adhérer Alain à sa vision, il lui en veut d'avoir annihilé son rêve d'établir avec lui une complicité où l'on n'a plus besoin de se parler pour se comprendre !

Cette déception s'accompagne maintenant de tension et de nervosité alors qu'il reçoit Alain dans son bureau. Drapé dans son rôle de patron, il a décidé de mettre les points sur les i, délaissant son statut d'observateur ou de donneur de conseils. Il utilise cette fois encore la colère comme carburant pour pouvoir affirmer sa position avec force.

Il prend la parole en s'adressant à Alain :

— En tant que Président j'ai décidé de garder la main sur deux domaines : le management et la stratégie. Dans le cadre du premier je t'ai laissé agir afin que tu puisses faire tes premiers pas tout seul mais si tu dois changer quelqu'un, fais-le rapidement et proprement. Tant que ton Directeur Commercial est en place, tu dois tout faire pour éviter les bruits qui l'affaiblissent. Tu ne peux lui reprocher un manque d'autorité et de fermeté et en même temps le fragiliser.

Alain s'emporte, étonné par cette « leçon de morale », puis, tout de suite après, il montre à Jean un regard étonné de s'être emporté contre lui.

Jean retrouve face à lui le collaborateur respectueux qu'Alain a toujours été et lui qui s'est toujours senti admiré par Alain, se demande s'il ne l'a pas choisi car il se sentait valorisé par ce statut d'ombre ou de reflet qu'il avait conféré à Alain.

Jean lui répond ne pas donner pas de leçon mais une instruction et préférer le mot éthique à morale, il lui demande également de mettre en pratique ses décisions de telle sorte qu'elles soient acceptables à défaut d'être partagées.

Sur des choix techniques et commerciaux, dans le passé, Jean a évidemment déjà eu des désaccords avec Alain mais aujourd'hui, il se demande si Alain possède des convictions profondes et s'il n'a pas seulement peur de s'adapter au monde tel qu'il est. Jean doit s'avouer qu'il ne s'est jamais posé toutes ces questions sur Alain qui était simplement son adjoint.

Jean trouve maintenant Alain plus détendu, comme si la cause d'un conflit intérieur avait disparu, ce qu'Alain confirme en lui disant son intention de conserver son directeur commercial.

Jeudi 8 décembre : Une action vis-à-vis de Maurice

Le lendemain matin alors que le ciel est étonnamment lumineux pour un début décembre, Jean et Maurice, perdus dans leurs pensées, sont surpris de se retrouver nez à nez à l'entrée d'une brasserie, à proximité du siège, pour prendre un café. Après s'être salués avec le minimum de courtoisie, ils choisissent une table isolée au fond de la salle et passent leur commande.

Jean, d'un calme apparent mais bouillonnant intérieurement, décide de transformer le hasard de cette rencontre en opportunité. Il tente de surprendre Maurice et lui indique, d'un débit plus rapide que souhaité, désapprouver sa façon de se comporter vis-à-vis de Gérard Paulin quand il lui manifeste une suspicion sans fondement, quand il imagine une action malhonnête et quand il souffle le chaud et le froid, le soutenant par moments, l'accablant par d'autres, l'affaiblissant ainsi psychologiquement.

Le flot de ses paroles a jailli comme la lave d'un volcan, lui procurant une intense chaleur libératrice après tant d'inaction contrainte.

Maurice, un peu moins impavide qu'à son habitude, lui répond sèchement qu'il ne tiendra pas compte de ses critiques car ce que Jean décrit ou interprète, est du ressort de la hiérarchie et non des méthodes de management du groupe.

Jean ne répond pas, son message a été délivré et c'est là l'essentiel.

Il sait qu'il ne le convaincra pas mais a réussi à dire clairement à Maurice ce qu'il pensait de ses méthodes. Cette action qui s'ajoute aux précédentes finirait presque par améliorer l'image qu'il a de lui-même !

Il considère, en tout cas, qu'il a gagné ce round aux points !

Mardi 13 décembre : Une action avec Oscar

Jean a donné rendez-vous ce midi à Oscar devant un petit magasin d'une grande artère faute d'avoir choisi un restaurant pour aller déjeuner.

Cette rencontre intervient une semaine après qu'ils aient évoqué l'avenir de Gérard Paulin avec Maurice. Lors de cet entretien, Maurice a considéré que son déficit de résultats et d'animation de son équipe n'en faisait plus le responsable adapté à ce nouvel environnement. Oscar était prêt à le prendre dans sa Direction mais ne disposait d'aucun poste disponible.

Acteur de cette réunion avec Maurice, Jean a été soulagé d'agir enfin en sortant la tête de son terrier. Aujourd'hui, son front plissé trahit sa préoccupation lorsqu'il arrive le premier. Jean s'accroche encore au très mince espoir qu'Oscar puisse trouver un poste à Gérard Paulin. Dès son arrivée, un sourire espiègle aux lèvres, Oscar l'interroge sur le pourquoi de ce rendez-vous devant un endroit aussi grotesque. Voyant Jean décontenancé, il éclate de rire, s'excusant de sa réaction en le découvrant si sérieux et grave devant cette boutique jaune, esseulée, étroite et haute entourée de commerces larges et traditionnels. Bien sûr Oscar a compris qu'elle constituait un lieu de rendez-vous pratique ; Jean réussit à sourire devant la sérénité revigorante d'Oscar.

Découvrant une brasserie vaste et lumineuse ils s'attablent dans la grande la salle avec vue sur la rue et le flot des passants sur le trottoir derrière, en toile de fond.

Jean indique à Oscar observer chez des concurrents des instructions qui telles des pluies de flèches tombent du haut du donjon et de nombreux responsables robotisés, gérant surtout des indicateurs et alimentant en statistiques une hiérarchie jamais repue.

Il exprime à Oscar son inquiétude de voir se propager ce phénomène dans leur groupe.

Sans surprise, Jean trouve Oscar très à l'aise, détendu, d'une écoute bienveillante ainsi que d'un regard profond et chaleureux. Cette atmosphère l'amène à demander de façon directe à Oscar son avis sur la gestion des hommes exercée par Maurice.

Depuis quelque temps, Oscar sent Maurice se durcir, vouloir augmenter les contrôles, alourdir les procédures, exiger davantage d'obéissance, devenir plus autoritaire et cassant. Jean boit avec délectation les paroles d'Oscar, il a trouvé une oreille attentive et même peut être un allié ! La présence d'Oscar a brisé l'étau de solitude qui l'oppressait, Jean affirme vouloir favoriser l'initiative pour faire obstacle à un système autoritaire émergeant. Encore plus lyrique, Jean déclame qu'ils ont ensemble un modèle à préserver !

Maintenant qu'une aide au départ va être proposée à Gérard Paulin, Jean lui demande une nouvelle fois si un poste ne va pas se libérer dans sa Direction. Oscar lui confirme que non.

Après avoir réussi à vaincre ses réticences, Jean lui fait part à demi-mot, des échos très personnels qui résonnent en lui.

Revenant vite au domaine professionnel, il évoque d'une voix où perce l'inquiétude, que le management de Maurice risque d'engendrer le système qu'ils viennent d'évoquer. Il favorise l'éclosion d'êtres froids, méthodiques et dépourvus d'affect qui peuvent au gré des circonstances se transformer en prédateurs. Leur pression peut faire vaciller des êtres plus fragiles qui passent du statut de proie à celui de victime. Jean demande à Oscar si dénoncer à Franck ce type de management ne serait pas un moyen de défendre tous les Gérard Paulin.

Oscar lui propose d'en parler au prochain Comité de Direction, Jean l'interroge sur les chances d'être entendu. Lucide, Oscar, lui répond qu'elles sont très faibles, Franck ne souhaite plus arbitrer ce genre de débats et laisse faire chaque responsable en l'absence de problème, ce que Maurice sait très bien.

Jean lui garantit cependant son soutien, de façon théâtrale, le bras droit levé, la voix puissante, s'engageant à intervenir à ses côtés, même si cela ne doit rien changer, ils auront pris date. Conscient de surjouer son rôle, se moquant de lui-même, il affirme que sa responsabilité de management lui dicte de prendre parti, l'avenir du groupe FT étant en jeu !

Il sourit intérieurement en s'imaginant drapé dans une toge romaine, intervenant au sénat ! Satisfait d'utiliser l'humour comme parade à l'angoisse, dans le sillage d'Oscar ! Il ne se sent plus schizophrène en devant séparer de façon étanche valeur personnelle et valeur professionnelle. Il en prend conscience, au moment où il n'est plus le patron d'une entreprise autonome !

Il ressent une douce chaleur, imaginant que deux plaques tectoniques qui représentent ses deux vies se rapprochent au plus profond de lui-même.

Mercredi 14 décembre : Gérard Paulin hors d'atteinte ?

Attendu par Jean, Gérard Paulin, pressé et encore essoufflé, arrive dans les locaux de Conquest et il pénètre immédiatement dans son bureau sans chercher à masquer son impatience. Gérard Paulin lui relate son entretien avec Maurice qu'il vient de rencontrer au siège du groupe pour décliner sa proposition de départ, il confirme ne pas imaginer d'avenir en dehors du groupe FT. Jean est frappé par l'air de plus en plus abattu de Gérard Paulin. Le refus de la proposition de départ va-t-il permettre à Gérard Paulin de rester dans des conditions acceptables ? Il poursuit son récit, Maurice, dans un sourire qu'il n'avait su interpréter, avait pris acte de sa position et il ne lui en reparlait plus. Gérard Paulin, précise à Jean ne pas avoir été rassuré par l'attitude de Maurice, son manque d'expression, son silence pesant et sa froide inhumanité. Jean se demande ce que signifie le sourire énigmatique de Maurice. Au moment de se séparer, Maurice lui a indiqué qu'il avait oublié un point : quand le budget sera confirmé il devra être réalisé quel que soit la conjoncture. À ce mot d'« oublié », Jean bascule du côté de l'inquiétude ; il ne croit ni à l'oubli d'un objectif aussi important que le budget ni à la résignation de Maurice de conserver Gérard Paulin comme s'il n'avait pas refusé de partir. Inquiet, il visualise déjà le retour des nuages noirs, ses seules interrogations sont de savoir comment et quand la pression de Maurice s'exercera à nouveau sur Gérard Paulin.

L'Histoire se répète, il ressent les similitudes entre le combat de Gérard Paulin aujourd'hui et celui qu'il menait enfant.

Une heure plus tard, dès le début d'une réunion prévue de longue date entre Jean, Maurice et Gérard Paulin, ce dernier, muet et pâle, exprime souffrance et lassitude.

Maurice l'exhorte, ce qui est un grand classique, à mobiliser ses troupes, la victoire, selon lui, étant plus affaire de volonté et de motivation que de moyens.

Gérard Paulin, s'il en avait la force, sourirait intérieurement, il connaît aussi bien que Jean le processus de paupérisation des moyens et de la hausse conjointe des objectifs qui transforme le responsable en fusible.

Jean, serre les poings, face à un problème important, replié sur lui-même il a besoin de « ruminer » comme si les problèmes allaient se dissoudre après leur digestion. Enfin, il réussit, en cherchant ses mots, à se déclarer convaincu du succès de Gérard Paulin.

Demeuré seul avec lui, Jean lui exprime sa solidarité, c'est le minimum qu'il puisse faire.

Gérard Paulin n'exprime que des remerciements lointains et désincarnés atténués par la distance ou le temps, comme si les paroles apaisantes de Jean glissaient sur un corps absent. Il semble de l'autre côté d'un fleuve sans pont et par conséquent sans que l'on puisse le rejoindre ou le faire revenir. Il y a quelques semaines, quelques jours, peut-être, Gérard Paulin jetait encore des filins vers son entourage comme pour s'attacher à la terre ferme et s'y maintenir. Faute d'amarrage solide, il y a peu à peu renoncé. À ce moment Jean ressent que l'interaction entre deux êtres n'est pas seulement affaire de trajectoire mais aussi d'espace et de temps. Les choses n'ont plus le même sens pour tous les deux. Alors que Jean voudrait lui crier de s'accrocher, Gérard Paulin donne l'impression de se laisser glisser. Jean, se remémore leur rencontre, il y a plusieurs années, lors d'un séminaire où ils avaient beaucoup ri tous les deux, mais pour quelle raison déjà ? Jean ne réussit pas à s'en souvenir. Comment cette autre image de lui pourrait procurer de l'énergie à Gérard Paulin ?

Il était agréable, vif, malin même et ses propos étaient intéressants et chaleureux. Jean avait pensé que cet affectif était certainement un bon commercial ayant besoin de soutien et de reconnaissance.

Le rire de Gérard Paulin est maintenant bien loin. Il dort vraisemblablement mal, fume et bois plus de café que d'habitude, il se laisse aller à partager un verre avec ceux qui le lui proposent pour maintenir un contact. Jean suppute que les collègues du Directeur Commercial ressentent sa détresse et ses angoisses mais n'établissent aucun lien entre cette situation et l'injustice qui le touche. Depuis quelques semaines, son visage est empreint d'une tristesse si insondable qu'elle semble profondément ancrée dans le présent et même dans le futur. Aucune lueur d'espoir ne semble pouvoir en émerger, il lui paraît hors d'atteinte.

En quittant Gérard Paulin, Jean pense à la note du Directeur Financier qu'il vient de recevoir, comme les autres membres du comité de Direction, l'eau continue à pénétrer dans le deuxième sous-sol, le parking de ce niveau doit être évacué dans l'attente d'une solution.

Mercredi 21 décembre : Refus de complicité

Jean, tel un extra-terrestre, continue à améliorer ses connaissances du fonctionnement du groupe, malgré l'atmosphère oppressante que les regards dans les couloirs transmettent comme un virus, ce qui l'oblige à respirer plus vite !

Il participe en présence de Maurice et Gérard Paulin à l'une des trop nombreuses réunions budgétaires au siège du groupe dans le bureau de Maurice. Jean s'étonne lui-même de son implication dans sa mission alors que les craquements de la structure du groupe lui semblent déjà perceptibles.

Au moment où des présages de difficultés pour le groupe ou ses collaborateurs, apparaissent, il constate, à regret, que le grand patron au lieu de tenir les rênes fermement, relâche la bride, laissant un Directeur comme Maurice seul à la manœuvre.

Envahi d'images cauchemardesques, il pense en ce moment à l'orchestre et plus particulièrement aux passagers du Titanic entraînés par leurs danses sans réaliser la catastrophe qui venait de se produire.

Il se voit virevolter dans la salle de bal car malgré la conscience de l'environnement, il poursuit lui aussi son chemin.

Recentré sur la réunion, il est stupéfait de voir les yeux de Maurice virer du bleu gris au gris très clair :

— Gérard, avez-vous réussi à convaincre votre équipe qu'une baisse des ventes et de la marge était irréaliste ?

— Pour l'instant non, mais j'y travaille et nous accepterons votre confirmation de budget sans état d'âme, dans l'intérêt de l'entreprise. Gérard Paulin réussit à formuler cette réponse avec une voix peu assurée, un visage blafard et un regard inexpressif.

— Je ne vous cache pas ma profonde déception et mon inquiétude quant au moral des troupes. Une bonne gestion des « process » vous aurait permis de trouver la bonne solution au lieu de vous complaire dans une vision médiocre.

Jean s'exclame :

— Le mot a peut-être dépassé votre pensée.

Maurice ignore totalement cette intervention. Gérard Paulin répond à Maurice avec une apparente vigueur :

— J'ai cru, sans doute naïvement que vous me laisseriez une chance, force est de constater, aujourd'hui, que pour vous, j'ai et aurai toujours tort. J'aspire à être traité comme un être humain et non comme une variable mathématique !

Jean demeure abasourdi, inquiet mais surpris par la révolte de Gérard Paulin à laquelle il s'attendait plus.

— Vous ajoutez l'insolence à la mollesse et à l'insuffisance, c'en est trop, sortez !

Gérard Paulin, penaud, la tête baissée fixant le sol sort du bureau sans un mot.

Jean ressent une violente colère en même temps qu'un grand calme intérieur, la tension a subitement disparu, comme si l'enfant qui continuait à l'habiter, l'observait confiant, de loin.

Jean, se tournant vers Maurice l'apostrophe :

— Je ne puis accepter votre comportement indigne d'un responsable ! Vous humiliez gratuitement Gérard Paulin en jugeant sa vision médiocre alors qu'il ne fait que vous relater qu'il n'a pas encore réussi à convaincre son équipe. Un mensonge aurait-il été la preuve d'une vision brillante ? Vous n'avez pas supporté son refus de quitter la société et vous exercez sur lui une pression inacceptable. Vous osez utiliser le terme de médiocre alors que vous êtes en train d'installer un système de peur où vous niez l'initiative et la personnalité. C'est votre organisation qui ne laissera place qu'à des médiocres apeurés. Compte tenu de mes responsabilités de management, je n'ai nullement l'intention d'être complice de votre action qui me révolte, déclare Jean en se levant.

Jean pense à nouveau à la Creuse, à la résistance, à l'oppression nazie et aux sacrifices consentis pour retrouver la liberté. Il ne supporte pas que l'on utilise sa force et sa supériorité pour s'acharner sur un être diminué, avec de plus, une totale malhonnêteté intellectuelle. Le respect de l'humanité en chacun doit nous prémunir de la déshumanisation qui ouvre des abîmes sans fond.

Lui qui a beaucoup refoulé, sait combien l'oubli des drames passés nous condamne à les revivre. Il a souvent mis beaucoup de temps à prendre une décision importante essayant de trouver de nombreuses raisons pour la différer ou pour comprendre les positions auxquelles il s'opposait.

Maintenant qu'il a apporté le soutien qu'il pouvait à Gérard Paulin et qu'il a répondu aux questions qu'il se posait, il rejoint l'armée de ceux qui disent non, fût-ce après une démarche personnelle sinueuse.

Il se dirige vers le bureau de Franck Tellier, il est ému mais se sent fort comme on peut l'être quand une certitude rare, vous envahit :

— Franck, je viens d'assister à un entretien entre Maurice et Gérard Paulin qui m'a fait prendre conscience que je ne pourrai vous apporter aucune aide sur le management du groupe tant l'attitude de l'un de vos adjoints est opposée à toutes mes valeurs. Je ne puis accepter que l'on humilie un être humain de plus sans aucune raison. L'orgueil blessé de Maurice lui fait s'acharner sur un être déjà diminué pour l'amener à reconsidérer sa position. De plus à Conquest, pour être tout à fait franc, j'ai l'impression d'avoir déjà fait mon travail en installant Alain Fournier aux commandes. J'ai le sentiment de conduire une auto-école avec double commandes et je pense avoir fait le tour du poste de moniteur.

Quand vous aurez besoin d'un avis pour l'acquisition d'une agence de publicité vous pourrez compter sur moi. Je viendrai demain vous remettre ma démission écrite. Franck surpris mais résigné lui répond :

— Je regrette vivement votre décision, car vous connaissez l'estime que j'ai pour vous, mais la fermeté de votre ton et de votre attitude me laisse peu d'espoir de vous faire changer d'avis.

Jean, réussit à dissimuler la satisfaction mais aussi la douleur de cette rupture, sort du bureau et téléphone à André :

— Le ciel est sombre mais lumineux car je ne suis plus complice, je t'expliquerai !

Vendredi 23 décembre : Affecté mais plus concerné

À 9 heures du matin, Jean présent au siège du groupe, trie des documents afin de ne conserver sur son bureau que l'indispensable avant son départ, tournant ainsi la page avec tristesse mais sans regret.

Il entend le cri d'un employé qui pénètre dans le bureau de Gérard Paulin et le trouve inanimé, affalé sur sa table de travail, la DRH et le Samu sont immédiatement prévenus. Rejoignant Jean, la DRH accourt, et trouve à côté de Gérard Paulin, une boîte vide de somnifères et une enveloppe adressée : « À ma famille ». Elle sait très bien que Gérard Paulin n'a pas de famille, elle ouvre l'enveloppe et lit la lettre :

Chers collègues,

J'ai lutté et me suis battu pour continuer ma mission auprès de vous tant que j'entrevoyais une lueur, mais aujourd'hui que l'espoir s'est éteint et que j'ai moi-même renoncé à la fuite, sans issue possible, je dois mettre fin à ma souffrance…

Jean constate avec amertume l'agitation d'un groupe jusque-là aveugle et sourd aux appels de détresse : La DRH livide, s'écrie que l'on doit pouvoir le sauver. Elle organise une cellule de soutien psychologique !

Franck Tellier convoque la DRH, Maurice Loste, son directeur financier, Oscar Rodriguez et Jean pour prendre immédiatement la parole :

— J'exige d'être informé heure par heure de l'état de santé de Gérard Paulin. Cet évènement, dramatique en lui-même, se produit alors que l'entreprise est déjà soumise à rude épreuve par la conjoncture. Qui plus est, cet acte qui survient dans nos locaux, est un message qui nous est adressé à tous et que nous ne pouvons pas ignorer. Je souhaite d'abord approcher la vérité en connaissant les faits relatifs à ce drame. La DRH m'assure qu'aucune erreur de management n'a été commise, qu'avez-vous à ajouter ?

Maurice prend la parole :

— Franck, j'ai commis une erreur hier, en prenant pour de l'insolence ce qui à la lumière des évènements s'est avéré être du désespoir. Jean demeure silencieux, il estime avoir déjà dit ce qu'il pensait.

Il pense à Gérard Paulin et se repasse le film de la progression de sa souffrance où alternaient espoirs et désespoirs. Il se souvient de son expression où la résignation avait remplacé le sentiment d'injustice, de sa mine pâle et inquiète, de son regard usé, de sa lassitude, du poids de sa solitude et de son besoin de croire à l'impossible.

Oscar et lui avaient entretenu l'espoir de garder le contact avec Gérard Paulin mais avaient constaté qu'il était devenu inaccessible. Pour Jean, aujourd'hui, l'image la plus violente est celle de son fauteuil vide.

Pour tenter d'en estomper l'image, il y substitue celle des paysages creusois qui lui semblent maintenant si beaux. Il se revoit, un été de son enfance, baigné de lumière et de chaleur sous le noyer d'une petite colline d'où il admirait la variété infinie des couleurs jusqu'à l'horizon, Il revisite avec délice les fermes de ses parents adoptifs les Masson et de leurs amis Lucien. Devant cette dernière ferme c'est le sourire plein d'admiration d'Étienne et de Germaine Lucien qui l'illumine.

Il aperçoit son école ainsi que Monsieur Chastenet lui posant la main sur l'épaule. Et dire que récemment il fuyait son passé en Creuse en plongeant dans son travail !

Au moment où il réussit à faire face à son enfance douloureuse en Creuse, cet enfant, identifié à Gérard Paulin, disparaît.

Franck reprend la parole :

— Je vous confirme que le geste de Gérard Paulin doit nous interpeller mais nous devrons nous interroger plus tard car les bruits déjà forts nombreux vont redoubler. Voici la véritable et officielle version des évènements qui se sont déroulés : face à une situation économique particulièrement dure, Gérard Paulin, dont nous apprécions tous les compétences et le dévouement, s'est tellement investi dans sa tâche, qu'il a dépassé ses propres limites.

S'adressant enfin à son Directeur Financier :

— Quelque chose à ajouter ?

— Un sujet qui n'a rien à voir, que je regrette de devoir aborder, le niveau de l'eau continue à monter dans le deuxième sous-sol évacué. Jean émerge de ses pensées et songe maintenant au déluge envoyé par Dieu à l'humanité parce qu'il la trouvait mauvaise à l'exception de Noé et de sa famille et des animaux dont un couple de chaque espèce devait être sauvé. Jean a lu la veille que des restes pouvant correspondre à ceux de l'Arche avaient été retrouvés en haut du Mont Ararat en Arménie.

CHAPITRE 12
Quatrième voyage en Creuse

Samedi 31 décembre : Recette personnelle

En cette fin de semaine, Jean a reçu de la part d'André le message rituel lui indiquant de passer le prendre directement à son domicile vers 9 heures pour un week-end prolongé en Creuse. Aux premiers tours de roue, Jean, malgré ses efforts, plonge dans un profond sommeil. Après un long moment, il émerge de sa torpeur :

— J'étais épuisé mais détendu, j'ai dormi pendant une bonne partie du voyage.

— C'est vrai aussi que tu commences à connaître le paysage de cette belle autoroute ; peux-tu me décoder ton message téléphonique, dans lequel tu m'indiquais que le ciel était sombre mais lumineux et que tu n'étais plus complice ? Jean, comme souvent, ne lui répond pas directement mais lui indique que sa fatigue provient de sa lutte dans l'entreprise, surtout de sa lutte contre lui-même. Il lui décrit l'angoisse récurrente qui l'a hantée face à un groupe en train de dériver. André lui demande s'il est toujours sur scène.

Jean l'informe de sa démission, suite à l'incident qu'il lui relate. Cet évènement, précise Jean, a été un révélateur dont il décrit avec gourmandise les étapes successives : Après l'observation, l'étonnement, la désapprobation, il a réussi à choisir l'action, l'opposition et le départ.

André demande à Jean avec humour, quelle a été sa recette pour franchir ces obstacles en fin d'année. Jean, lui répond que puisqu'il semble de bonne humeur et patient, il ne lui épargnera aucun détail !

Il se souvient d'avoir accepté progressivement, de se remémorer son enfance lui né de parents inconnus, coupable d'être vivant et d'avoir abandonné leur recherche. Il évoque avec nostalgie cette Creuse où il a retrouvé ses tuteurs de croissance et de résilience, renouant ainsi avec ses émotions passées. En revivant son enfance il a souvent buté sur le souvenir d'un enfant malheureux, injustement touché par le sort. Tournant en rond, il s'arrêtait souvent sur la même scène.

André l'interroge :

— Toi qui m'as beaucoup parlé de théâtre quel rôle y jouais-tu ?

— Un jour j'ai réalisé avoir endossé celui de victime, attendant reconnaissance et empathie.

Jean indique qu'il a constaté, avoir inversé son fonctionnement, arrêtant presque d'agir professionnellement et commençant à agir davantage personnellement. Il ajoute, n'avoir été capable d'entendre la souffrance de Gérard Paulin qu'après avoir fini de revivre la sienne.

André, l'interrompt à nouveau : « Je t'ai pourtant trouvé très ému quand tu évoquais sa souffrance. »

Jean lui répond avoir été ému par sa propre souffrance qu'il lui semblait retrouver sur le visage de Gérard Paulin, ce n'est qu'après avoir cessé de l'entendre en boucle, qu'il a pu accéder réellement à celle de Gérard Paulin.

La parole libératrice continue à jaillir, Jean, inarrêtable, lui confie espérer avoir trouvé une solution durable à son problème de deux vies qui ne communiquaient pas. D'un côté sa vie personnelle où il avait peur que son action n'enclenche la projection de son film intérieur depuis l'enfance. D'un autre côté sa vie professionnelle où la fuite en avant lui avait permis d'échapper à lui-même.

— Je ne te savais pas si féru de psychologie et d'introspection lui rétorque André.

Jean lui répond que ce sont les évènements qui l'ont amené à évoluer. Il lui confirme que cette enquête en Creuse est devenue de plus en plus importante. Comme un phare dont on s'approche sur la mer démontée, elle l'éclaire progressivement sur lui-même.

— Lyrique en plus ! rétorque André.

C'est ce retour, plus de soixante-dix ans en arrière qui lui a permis de juger de ce qui est réellement important aujourd'hui !

Pendant la guerre le choix a été de résister, de collaborer ou de ne pas s'engager. Dans son travail il n'a pas pu s'empêcher de faire le parallèle et après une période de non engagement, il a progressivement évolué et décidé de résister.

Il a ressenti un frisson en pensant aux miliciens français et aux Allemands, au moment où certains ont sombré dans la barbarie. Il est effroyable de penser que l'espace d'un instant, juste avant le premier acte, on se situe sur la crête avant de basculer irrémédiablement de l'autre côté, sans possibilité de retour.

Jean a tellement jeté de ponts et de passerelles entre des temps, des lieux et des espaces personnels et professionnels différents, qu'il réalise aujourd'hui, que les deux rives de sa démarche n'en forment plus qu'une.

Mercredi 4 janvier : Face à son identité

Jean va rechercher la lettre qu'André a découverte dans son grenier le 30 septembre dernier lors de leur premier voyage en Creuse. Elle indiquait une mission urgente qui ne pouvait être reportée et était datée du 31 août 1943 or la date de naissance de Jean est le 6 septembre de la même année. Cette proximité, pourtant soulignée par André, n'a été pour lui, jusqu'à présent, qu'un constat objectif et froid. Encore dans le refoulement de tout ce qui concernait son enfance, il est demeuré distant pendant longtemps.

Cette fois-ci, ce constat interpelle Jean, qui sent croître sa motivation de s'investir dans son enquête, celle de ses origines. Il en parle à André, enthousiaste devant cette réaction qui lui permettra également de poursuivre l'enquête relative à sa mère et qui passe par la rencontre avec Jules Bernard à Naillat. Jean ne sait pas si la curiosité qu'il ressent ce matin est liée à la perspective de retrouver certains lieux mais il propose à André de commencer cette nouvelle journée par une promenade en forêt dans les environs de Crozant. Il se demande comment de mêmes lieux peuvent évoquer des souvenirs si différents : un drame affreux pour les uns, une rencontre, un amour pour les autres. Pourtant la forêt n'a pas dû changer depuis la guerre, il avait l'habitude de s'y promener avec sa mère adoptive qu'il regardait à la dérobée, elle savait observer ces lieux qui lui parlaient, son regard évoluait avec le flot de ses émotions, vivant en osmose avec la nature. Il y lisait successivement, joie, admiration, tristesse et nostalgie, comme si ses émotions devenaient siennes. Jean y a appris à observer la nature comme il a appris plus tard à observer les détails des individus. Il se souvient qu'à l'approche d'une ferme, quand redoublaient les aboiements des chiens, il augmentait la pression de sa main dans la sienne.

André indique à Jean qu'il le trouve heureux et serein et qu'il donne le sentiment d'éprouver maintenant du plaisir en Creuse. Jean lui répond être fortement motivé bien qu'ils n'aient encore rien trouvé.

Quittant le souvenir de la main de sa mère adoptive dans la sienne, Jean observe André, impatient d'aller chercher Jules Bernard à Naillat et lui propose de s'y rendre dès maintenant.

En suivant les indications de Gaston Berger, ils se dirigent de l'autre côté de la départementale.

Une femme, dans son jardin potager leur indique la maison recherchée. Ils frappent à la porte et entendent les pas lourds et hésitants de quelqu'un derrière la porte. En saluant l'occupant qui ouvre la porte, Jean, lui demande s'il est bien Jules Bernard et dès son acquiescement lui indique venir de la part de Gaston Berger, son voisin.

Jules Bernard, intrigué, les invite cependant à entrer et à s'asseoir, précisant qu'il va leur servir à boire. Jean, parlant bas mais avec un débit rapide, lui raconte avoir retrouvé des documents indiquant qu'une assistante sociale devait se rendre à Naillat en septembre 1943 pour une mission urgente. Il l'interroge sur ses souvenirs et s'il a conservé des documents permettant de progresser dans leur recherche. Jules Bernard répond avoir un peu plus de 90 ans maintenant soit presque un siècle de souvenirs emmagasinés ! À cette période, il était dans la résistance et encore jeune et aidait ses parents à la ferme.

Il a connu plusieurs membres de son réseau en jouant dans l'équipe de football de Dun-le-Palleteau alors que tous les mouvements de jeunesse étaient sous le contrôle de Pétain ! Il se souvient de l'été 1943 car ils se sont retrouvés le 14 juillet pour partager l'évènement et pour définir leurs actions ; à ce moment-là il n'était pas dans le maquis et essayait d'avoir une vie normale pour protéger ses parents.

La journée dans ses souvenirs fut éblouissante de couleurs, de senteurs et d'une chaleur bienfaisante, ils voulaient à la fois s'engager et vivre pleinement ; en fait, précise-t-il, peut-être ne faisait-il pas beau du tout !

Jules Bernard évoque avec nostalgie la période, pourtant difficile, de sa jeunesse qu'il fallait d'autant plus savourer que les lendemains étaient incertains. Étaient-ils pleinement conscients du danger d'être résistant ? Les journées étaient longues et le labeur incessant car les champs sont des amis attachants mais exigeants, ce qui ne l'empêchait pas de rejoindre après, ses camarades de combat. Il y avait beaucoup de réfugiés, la population de Dun-le-Palleteau avait doublé. Ils savaient chez qui étaient abrités les juifs, il y avait les cachettes de jour et celles de nuit où une sortie sur un jardin ou un champ était nécessaire en cas de rafle nocturne de la milice ou des Allemands qui ne stationnaient pas à Dun mais qui pouvaient venir sur information ou dénonciation.

Il a appris en 1944 qu'un habitant de Dun faisait partie de la milice de Limoges. En effet, un jour à Limoges, des amis de Dun furent pris dans une rafle et amenés au siège de la milice pour contrôle, il était là et leur a dit de partir immédiatement. Il est mort à la fin de la guerre dans des circonstances controversées. En 1944 il y eut de nombreuses victimes, otages, civils et combattants, la milice se sentait acculée. Certains de ses membres aidèrent les résistants afin de donner des gages pour l'après-guerre. Les Allemands étaient à cran, les SS remontaient vers le nord en juin pour intervenir sur le front de Normandie. Les compagnons de Jules Bernard essayaient de ralentir leur progression par des harcèlements répétés. En représailles ils opérèrent d'horribles massacres de civils dans les villes et villages qu'ils traversèrent. Des camarades du réseau rapportèrent à Jules Bernard l'insoutenable vision des 99 pendus de Tulle le 9 juin.

À cette période les maquisards connaissaient chaque bosquet de la région, il n'y avait pas de miliciens si loin de Limoges, les Allemands contrôlaient les routes et eux les forêts et peut-être les champs, ce qui leur donnait le sentiment d'avoir libéré une partie du territoire !

Ils s'enivraient de leurs actions en les mythifiant afin de se donner du courage !

Quand une unité allemande lourdement armée approchait, ils se dissimulaient.

Pour revenir à septembre 1943, Jules Bernard, les yeux mi-clos, fixant le plafond comme s'il cherchait à explorer une mémoire lointaine, ne se remémore pas d'autres souvenirs. Il se lève lentement, alors qu'une nouvelle lueur emplit son regard, il va aller dans le grenier pour voir s'il a conservé les agendas de cette période où il y notait certaines informations. D'un air malicieux, il leur annonce que l'heure de l'apéritif approche. Il leur sert un petit verre de vin de noix et promet de les rejoindre avec le résultat de ses recherches. Il leur demande fermement de commencer à boire sans lui. Jean et André s'exécutent.

Il revient un bon quart d'heure plus tard avec un agenda noir et poussiéreux et se servant un verre, commence à feuilleter des pages dont seuls les bords ont subi l'épreuve du temps. En trinquant avec ses hôtes il atteint le début du mois de septembre puis le 6, et lit :

— Ce matin Jeanne m'a proposé 3 kg de pommes de terre, en ayant déjà : j'ai indiqué que Gustave pourrait être preneur. Nos deux amis se regardent abasourdis, se demandant si Jules Bernard qu'ils trouvent pourtant très vif pour son âge a bien lu le document ou s'il ne dispose plus de toutes ses facultés intellectuelles. Voyant les visages de Jean et André dépités et quelque peu inquiets, Jules Bernard leur explique dans un éclat de rire que c'était son langage codé, cela veut dire qu'une dénommée Jeanne lui a demandé de prendre un nouveau-né garçon et que comme ils avaient déjà un petit il l'avait orienté à Dun-le-Palleteau vers les époux Duhamel, dont l'homme était surnommé Gustave. Il précise ne pas disposer d'autres informations et ne pas savoir si cette Jeanne a rencontré Gustave et s'il a accepté de prendre le nourrisson car à ce moment-là on ne communiquait que si c'était indispensable.

Jules Bernard leur indique qu'ils trouveront facilement la ferme des Duhamel qui est occupée aujourd'hui par les Boyer, c'est l'une des quelques fermes à avoir survécu. Jean entend de très loin André remercier Jules Bernard chaleureusement alors que le choc encaissé ne lui permet pas de s'exprimer.

Devant l'émotion de Jean, il n'indique pas à Jules Bernard s'être déjà rendu seul dans cette ferme. Jean qui se sentait enfin fort et plein de confiance pour affronter son passé demeure abasourdi et sans réaction. Il imagine ce bébé transporté sur les routes de Creuse, jusqu'à Naillat d'abord, puis de Naillat à Dun. Il tente de ranimer ses plus anciens souvenirs en remontant le temps mais ne peut dépasser la barrière de l'assistance publique et de la ferme des Masson, ce qui est d'autant plus douloureux qu'il réalise qu'il lui manquera sans doute pour toujours l'ultime pièce de son puzzle personnel. Il fait siens, les tableaux des jeunes enfants qu'il a mentalement photographiés dans la ferme des Lucien en tentant de s'y identifier. Il devient, petit à petit, ce nouveau-né, perdu dans ce monde d'adultes plongés dans la guerre. Il se revoit, plus tard, sur les rares photos de lui qu'il a observées, inquiet, le regard de côté comme interrogateur, les yeux pleins de rêves. Il est toujours seul sur ces photos, réfugié dans son monde intérieur face à l'objectif froid qui tente de lui faire exprimer l'intimité qu'il cherche à préserver.

Jean, propose à André d'aller faire la connaissance des Boyer, dans l'ancienne ferme des Duhamel à Dun, malgré l'appréhension de se retrouver encore face à une impasse.

Quelques kilomètres plus loin, apercevant une ferme proche de la route, à l'entrée de la ville, Jean, très excité, s'écrie qu'elle correspond à la description de Jules Bernard, ce qu'André confirme immédiatement. Lorsqu'ils sonnent à la porte, un couple entre deux âges les accueille et malgré la certitude qu'il se trouve bien dans l'ancienne ferme des Duhamel, Jean a l'impression d'y venir pour la première fois. André présente Jean aux Boyer rappelant l'invitation de Madame Boyer à revenir. L'homme et la femme écoutent avec fascination l'histoire que Jean leur raconte, cette fois dans le détail, ils sont prêts à rendre service mais semblent dépassés par les évènements, émus que le début de ce scénario se soit déroulé ici même. Ils paraissent même gênés de l'échec de la première visite d'André, comme si le fait d'habiter les lieux ce jour, leur conférait une responsabilité vis-à-vis du passé.

Le mari leur propose de visiter la deuxième pièce du grenier où il reste de vieilles affaires ayant sans doute appartenu aux Duhamel. Après avoir traversé une première pièce plutôt grande et peu éclairée, ils arrivent dans la suivante, sombre également mais plus petite. Elle s'apparente plus à un débarras avec des planches, des petits meubles en bois, de vieilles valises, un miroir, un portemanteau, des revues et une malle en osier. Jean est fasciné de voir des objets ayant appartenu aux Duhamel et par conséquent à sa petite enfance. Il commence par ouvrir chaque valise, elles s'avèrent toutes contenir des vêtements d'adultes. En ouvrant délicatement la malle, il éprouve du respect et ressent un léger frisson comme s'il profanait des lieux murés dans le passé. Il y découvre des objets hétéroclites, des documents, lettres et papiers divers. Un peu plus loin dans son exploration, le regard maintenant fiévreux de Jean s'arrête sur une petite valise rouge en carton dur aux bords de couleur beige, ses serrures rouillées cèdent après plusieurs tentatives. Elle contient quelques vêtements de petit enfant qui en tapissent le fond ainsi qu'une petite couverture. Sur l'intérieur du couvercle de la valise, un journal a été collé pour en cacher l'usure, pense Jean. En l'approchant de la lumière, il remarque que le journal est daté du 6 septembre 1943, il le décolle délicatement et découvre une étiquette aux noms de Albert, Éliane et Simon Khan, Metz-Creuse.

Jean n'est pas encore en état de réagir. Il vient de découvrir son identité grâce à la révélation de Jules Bernard et à l'étiquette de la valise.

Très ému, au-delà des souvenirs de ses trois premières années qui demeurent inaccessibles, il essaye d'imaginer sa vie avec les Duhamel dans cette ferme, avant l'assistance publique, afin de compléter le film de sa vie. Il visite les lieux pièce par pièce puis sort pour découvrir les champs, les étables et les animaux.

Il trouve que les derniers mois sont passés trop vite et décide de prendre bientôt le temps d'en revivre les points riches d'enseignement.

Retrouvant énergie et détermination, Il va proposer à André de continuer son investigation sur sa mère et de rechercher des témoignages, sur Jeanne Bloch-Dubois à qui il doit la vie et qui se trouve au carrefour des deux enquêtes.

Il va ensuite, poursuivre ses recherches à Metz, en continuant à remonter le temps, avec cette fois un nom de famille et des prénoms.

Il va pouvoir transmettre ce récit à ses enfants, passant ainsi du statut d'ombre indéfinie à celui de passeur.

CHAPITRE 13
Après la Creuse

Lundi 9 janvier

À la clinique du château, située sur une colline, Jean Duhamel traverse le hall du rez-de-chaussée et se dirige vers l'accueil où une jeune femme l'interroge avec bienveillance.

— Je viens revoir le Dr Rousseau en pneumologie. La brume s'accroche aux pentes rudes de la cité, par la fenêtre il devine les hauteurs de Saint Germain en Laye…

Charlotte Helman, Rosenbaum avant son mariage, est née le 4 janvier 1922 à Metz en Moselle. Fin août 1939, elle dut quitter Metz avec son frère Denys né trois ans plus tard et ses parents pour Poitiers. En 1942 ils durent porter l'étoile jaune et franchirent la ligne de démarcation près d'Angoulême au mois d'août, par l'intermédiaire de passeurs échappant aux patrouilles allemandes accompagnées de chiens, pour atteindre la zone libre.

ENTRETIEN AVEC CHARLOTTE HELMAN 1995-1996 (EXTRAIT)

LA GUERRE : 1942-1944

J'ai décidé de travailler pour L'OSE[3] en allant à Marseille où l'on m'a dit que je pourrais rencontrer Andrée Salomon qui m'a engagée aussitôt. Ma première mission fut Rivesaltes, camp d'espagnols et de juifs étrangers. C'était les derniers jours de ce camp, les Allemands entraient à Perpignan. Les enfants, pour lesquels nous avions obtenu de leurs parents qu'ils quittent ce camp, étaient partis. Malheureusement les familles qui y étaient encore allaient être déportées. Je suis restée personnellement quelques jours à Rivesaltes où il n'y avait plus d'eau ; nous étions dans des baraques ou d'énormes rats circulaient au-dessus de nos têtes. J'ai eu ensuite pour mission d'apporter de faux papiers à une famille à Montpellier.

3 Organisation de Secours aux Enfants, créée en Russie en 1912 pour venir en aide aux enfants défavorisés.

En prenant le train pour quitter Perpignan, j'ai eu la curieuse sensation d'étouffer. On ne s'était pas lavé depuis quelques jours et en regardant ma gorge j'ai découvert un goitre, énorme, qui résultait probablement de l'émotion ressentie au camp. Après avoir effectué ma mission à Montpellier, j'ai eu celle d'aller chercher des enfants et des papiers dans la Corrèze, le Lot puis La Creuse où les enfants de l'OSE demeuraient encore.

À ce moment-là, toute la France était occupée. Nous avions des missions socio-médicales. On me signalait les familles réfugiées ayant des problèmes. Il y avait beaucoup de femmes avec des enfants qui habitaient dans des petits villages et très peu d'hommes. Elles avaient des ennuis de santé et un besoin d'aide pour régulariser des papiers ou résoudre d'autres problèmes administratifs. J'effectuais des tournées à pied ou à vélo avec un médecin ou seule pour cacher peu à peu les enfants dans des familles d'accueil lorsque les mères réfugiées avaient accepté de nous les confier. Après le Lot, j'ai travaillé en Creuse où, des juifs, allemands pour la plupart, étaient en résidence surveillée en tant qu'étrangers dans plusieurs villages. Le point central était Dun-le-Palleteau (le-Palestel aujourd'hui) où j'ai rejoint une collègue Hélène Salmon qui y était déjà. Nous devions travailler dans Dun et dans les villages environnants, où résidaient de nombreuses familles qui y avaient été affectées par les autorités françaises, avant l'arrivée des Allemands[4], sans avoir le droit de se déplacer. Disposant de peu de moyens, nous essayions néanmoins de leur procurer des médicaments. Il y avait des grands malades trop faibles pour

4 Hypothèse ne figurant pas dans l'entretien, seulement stylistiquement remanié excepté cet ajout.

être transportés. Des enfants venant de différentes régions ou pays, sans être en résidence surveillée, étaient également présents. Petit à petit les juifs devaient se cacher, le hasard les avait installés dans l'un ou l'autre des villages où ils recevaient souvent de l'aide, mais où parfois aussi ils rencontraient des dénonciateurs. Ce travail a duré entre un an et demi et deux ans dans différentes localités. Chaque fois qu'il y avait une urgence, je recevais un message définissant ma mission : aller à un endroit spécifique où une famille était en détresse par exemple. Dans les régions où les maquis, de plus en plus importants, attaquaient les forces d'occupation, les hommes étaient très souvent exécutés par les Allemands. Je me souviens qu'à Tulle il y eut de nombreux pendus pour l'exemple, au centre de la ville. J'ai le souvenir d'une femme qui venait d'accoucher à l'hôpital, ses deux petits enfants étaient restés tout seuls et son mari avait été assassiné dans leur logement. Il s'agissait de prendre en charge les enfants, de les mettre à l'abri et de leur trouver un endroit sûr. Je devais également signaler à l'hôpital la situation de la mère qui était restée toute seule en venant de mettre au monde un nouvel enfant. Je me souviens d'une scène très pathétique, c'était en Corrèze, je suis allée chercher deux enfants dans une école maternelle, l'aîné devait avoir quatre ou cinq ans, il tenait son petit frère par la main et le mouchait. J'ai été profondément bouleversée par la protection qu'il apportait à son petit frère et à la grande tendresse qu'il lui manifestait. Il avait senti ou compris qu'il était responsable de ce frère et qu'il devait s'en occuper. Ils étaient tous deux couverts de boutons, comme presque tous les enfants à ce moment-là. L'image de ces enfants seuls dans l'adversité m'a très longtemps poursuivie.

J'ai aussi réalisé une mission auprès d'une pouponnière juive à Limoges qui avait déjà été visitée par la Gestapo. Il fallait faire le maximum pour sauver ces tout-petits qui risquaient aussi la déportation. Nous passions des nuits entières dans des salles d'attente. Ces voyages étaient impressionnants et même surréalistes. Il y avait des bombardements en cours de voyage et l'essentiel était d'arriver avec l'enfant et de le conduire en lieu sûr. Quand je voyageais avec des petits, les gens du compartiment disaient : « comment t'appelles-tu ? D'où viens-tu ? ». Les enfants avaient dû changer leur prénom et ils ne devaient pas dire d'où ils venaient réellement ni qui ils étaient.

J'avoue que ces voyages étaient souvent terrorisants. La bienveillance des voyageurs qui voulaient absolument que les enfants parlent avec eux représentait un danger réel. J'ai voyagé avec des bébés, je me souviens d'un voyage de Limoges à Pau avec un malheureux bébé trempé et qui n'avait rien à manger.

J'effectuais toutes les visites dans le Limousin avec un pédiatre, le docteur Levy, un réfugié de Metz. Nous parcourions très facilement 30 kilomètres dans la journée en réalisant toutes les visites à pied parce qu'il n'y avait pas d'autre moyen de locomotion pour rejoindre les villages et cela souvent sous la pluie ou sous la neige sans jamais tomber malade. À Metz, avant la guerre j'avais souvent des bronchites, mais là mon organisme se défendait pour faire face à l'urgence comme s'il n'y avait pas de place pour ces maladies. On a également constaté que pendant cette guerre, peu de gens avaient une dépression. Un système de défense se mettait sans doute en place chez des gens qui avaient peu à manger et qui ne voyaient pas de médecin. Je me souviens d'un soir où nous sommes arrivés dans une auberge, nos deux manteaux étaient suspendus au-dessus du fourneau, nos chaussures étaient trempées, nous avions fait des kilomètres sous la pluie. Dun le-Palleteau était un village très important par le nombre de réfugiés où nous avons pu obtenir la collaboration du secrétaire de mairie, homme charmant qui nous faisait des faux papiers à la demande. Nous avions une confiance absolue en lui, il était d'un dévouement extraordinaire et a sauvé beaucoup d'enfants et d'adultes. Il m'a d'ailleurs établi une fausse carte d'identité au nom d'une habitante de Dun qui avait mon prénom et qui n'était sans doute plus là. Le prénom était important parce que si on vous appelait dans la rue, on répondait au prénom, personne ne connaissait les noms de famille. Il fallait répondre immédiatement à cet appel parce que tout était surveillé, on ne savait jamais à côté de qui on se trouvait.

Quand Andrée Salomon m'a demandé de venir à Limoges pour effectuer mes missions dans la région, j'ai quitté Hélène et je suis allée m'installer à Limoges où nous avons subi de nombreux bombardements. Alors que la fin des hostilités approchait, la ville était soumise à un véritable blocus, la gare a été détruite par les bombardements anglais. Il n'y avait pratiquement plus de trains qui quittaient Limoges et le travail devenait de plus en plus difficile à réaliser parce que beaucoup de nos amis de l'OSE avaient été déportés. Le bureau de la ville avait été fermé et nous avions très peu de possibilités de nous contacter pour effectuer un travail efficace.

Un jour, on m'a demandé d'aller en Corrèze, je devais aller chercher deux enfants dans un village et j'ai réservé une chambre dans un hôtel proche trouvé dans l'annuaire, en téléphonant depuis la poste de Limoges. Sauf à disposer de papiers spéciaux pour pouvoir circuler dans cette région paramilitaire, il était interdit de s'y rendre. Il y avait eu pas mal d'accrochages entre les Allemands et le maquis et je devais y arriver de nuit pendant le couvre-feu. À la poste, un employé résistant, voyant quelqu'un qu'il ne connaissait pas et qui se rendait dans un village hautement défendu, m'a signalé au maquis des francs-tireurs partisans de la région, bien sûr à mon insu. À deux heures du matin j'étais endormie, on est venu frapper à la porte de ma chambre et un groupe de maquisards a fait irruption en me disant que j'avais été signalée comme espionne allemande. J'ai essayé de m'expliquer avec eux, de leur montrer ma vraie carte d'identité que j'avais gardée dans la doublure de mon manteau, n'arrivant pas à m'en séparer mais je ne suis pas arrivée à les convaincre. Pour eux, je mentais et j'étais une espionne allemande. Si je venais dans cette région alors qu'ils n'avaient pas entendu parler d'une quelconque mission, c'est que j'étais dangereuse. Ils ont fouillé tous mes papiers, ils n'ont pas été brutaux mais bien décidés à me considérer comme une ennemie. Ils avaient beaucoup bu et nous sommes partis dans une voiture où j'étais assise sur une mitraillette. Je me souviens m'être dit, assise sur cette mitraillette de maquisards, que si je devais être tuée par ces Français qui m'avait arrêtée, ce serait une mort stupide et même vexante !

Pendant le voyage, ils sont allés déposer des bombes sur la voie de chemin de fer et quand nous sommes arrivés à proximité du maquis ils m'ont bandé les yeux pour que je ne puisse pas me repérer. Ils m'ont dit que j'allais être interrogée par le responsable et que si je ne pouvais pas fournir d'alibi valable ou que si j'étais considérée comme une ennemie, je serais exécutée. Là aussi je dois dire cela ne me plaisait pas beaucoup ! Je suis restée avec eux un moment et j'ai ensuite été interrogée par le responsable du maquis à qui j'ai pu donner le nom du maire du village qui était un résistant et aussi le nom de la famille juive que j'allais voir. Je devais emmener deux enfants pour les mettre en sécurité dans une ferme. Quand tout cela a été contrôlé et qu'ils ont su qu'effectivement je n'étais pas une ennemie, ils m'ont emmenée dans une gare, en me bandant à nouveau les yeux. Quand je suis arrivée à la gare, je leur ai dit que j'étais pressée car des familles m'attendaient dans le Lot et dans la Creuse ils m'ont, alors, pris mon billet de chemin de fer en me disant : « C'est sa Majesté la Reine qui vous paye le voyage ».

Cette histoire a beaucoup intéressé et amusé mes collègues et amis de l'OSE. Elle m'a apporté une gloire éphémère car nous n'avions que peu d'occasions de parler d'évènements qui ne se terminaient pas tragiquement.

J'ai continué à travailler à Limoges, puis devant la grande difficulté de poursuivre ma tâche, j'ai demandé par l'intermédiaire d'une « boîte à lettres » à Andrée Salomon de me permettre de quitter Limoges. Je souhaitais mener des convois d'enfants à la frontière pyrénéenne pour aller en Espagne car certains groupes d'enfants passaient par les Pyrénées pour après être acheminés vers la Palestine. Andrée a décidé que je devais rester à Limoges et quelques jours plus tard au cours d'une rafle dans la rue j'ai été arrêtée et ma carte d'identité, en laquelle j'avais toute confiance, a été contrôlée par un milicien originaire de la région. Il a commencé à me poser des questions, affirmant qu'il connaissait parfaitement tous les habitants du village et des environs et il m'a dit que je n'étais pas Charlotte Mathieu, le nom qui figurait sur ma carte d'identité. Il m'a dit que j'étais juive et incapable de lui donner des précisions sur les habitants de Dun. J'ai été arrêtée et amenée, menottée, par deux gendarmes jusqu'à un bâtiment qui se trouvait aux abords de l'hôpital. C'était une caserne qui avait été transformée en prison car il n'y avait plus de place dans celles de la Gestapo. Quand je suis rentrée dans la grande salle où il y avait déjà au moins une vingtaine de femmes, j'ai ressenti le réconfort de voir du linge qui séchait, on pouvait donc laver son linge, c'était déjà une bonne chose ! Dans un premier temps, j'ai ressenti comme un répit et une chance d'être dans une prison française. Je savais qu'il n'y avait plus de départ de trains à partir de Limoges mais je ne voulais pas rester là à attendre. J'ai tout de suite réfléchi aux moyens de quitter cette prison. J'y ai fait des rencontres très enrichissantes et intéressantes, dont une femme professeur de français de Guéret qui avait été arrêtée dans la rue. Elle était totalement effondrée d'avoir été arrêtée et séparée de sa famille. Elle était contre les Allemands mais pas comme nous qui étions bien déterminées à lutter contre l'ennemi. Le fait d'être arrêtées était pour nous normal presque inévitable. Elle, cette arrestation l'a plongé dans une profonde dépression : elle ne se levait pas, elle ne se lavait pas et était privée de toute énergie. Dans cette prison nous avions très peu de chose à manger : une sorte de soupe dans laquelle flottaient quelques feuilles de chou et un quignon de pain pour la journée. J'ai appris, qu'en cas de problèmes dentaires, on avait le droit d'aller se faire extraire les dents à l'hôpital, c'était le seul soin utilisé. Je savais également qu'une surveillante de l'hôpital était une résistante et un des gardes qui m'avait vu traverser Limoges avec des menottes m'a parlé très gentiment, je lui ai fait confiance et je lui ai demandé s'il voulait faire passer un message à l'hôpital, il a fait le nécessaire et j'ai demandé rendez-vous pour me faire extraire une dent en disant que je souffrais beaucoup. On m'a amenée à deux reprises à l'hôpital où des élèves m'ont arraché deux dents sans anesthésie, bien entendu. J'étais accompagnée par un garde avec un fusil à l'épaule prêt à tirer. La deuxième fois que je suis allée à l'hôpital, j'ai pris du papier et une enveloppe pour écrire à mes parents que j'allais bien. J'étais très inquiète de penser qu'ils n'avaient plus de mes nouvelles, j'ai écrit la lettre qu'il m'a laissé terminer. Dès que j'ai indiqué sur l'enveloppe l'adresse de mes parents à Lourdes où ils étaient cachés, Il m'a enlevé lettre et enveloppe ce qui m'a plongé dans une angoisse profonde. Ayant communiqué leur adresse, Je me sentais responsable et coupable de la future arrestation de mes parents.

Au printemps 1944, la surveillante de l'hôpital, que j'avais contactée de ma prison, avait fait passer mon message à un responsable de l'OSE qui était à Limoges. Lui-même connaissait depuis le lycée un responsable des miliciens de cette ville qui est intervenu pour moi. À ce moment-là, on sentait que les choses allaient changer. Le danger était toujours le même pour les juifs ou les résistants, mais on avait tout de même le sentiment, avec tous les bulletins d'information, que la guerre avait pris une autre tournure et que la victoire des alliés était proche. Cette introduction auprès du chef de la milice m'a donné la possibilité d'être libérée et j'ai quitté la prison pour aller chercher mes faux papiers puisque j'avais été reconnue comme Charlotte Mathieu.

Je n'avais plus de chambre, plus de vêtement, je devais peser une quarantaine de kilos à peine, mais très curieusement en partant de cette prison que j'ai tout fait pour quitter, j'ai ressenti beaucoup de tristesse et de peine. En prison, j'entendais des nuits entières les voix angoissées de mes amies de rencontre, dans une salle où nous étions toutes enfermées à clé, chaque fois qu'il y avait un bombardement. Une fois dehors, j'étais terrorisée en pensant à mes amies restées en prison sous les bombardements, l'ayant vécu moi-même. Je ne me considérais pas comme quelqu'un de particulièrement courageux mais les circonstances nous transformaient, nous ne ressentions pas le danger comme avant la guerre. Ceux qui avaient subi la torture, avaient bien sûr une autre vision du danger.

Une collègue de l'OSE avait été arrêtée quelques jours avant moi, elle fut sauvagement torturée et amenée à l'hôpital de Limoges ou j'allais me faire soigner. Dès qu'elle a su que j'avais été arrêtée, terrorisée, ne sachant pas si j'allais être torturée et si je parlerais sous la torture, elle a réussi à sortir et demandé à aller très rapidement dans un maquis. Elle y fut emmenée et ce fut atroce : considérée comme espionne, elle fut fusillée. La lumière n'a jamais pu être totalement faite sur ce drame qui malheureusement ne fut pas unique.

Après ma sortie de prison, je suis partie à pieds parce qu'il n'y avait plus de moyen de transport. En chemin, je décidais d'aller à Lourdes, non pas en pèlerinage mais chez mes parents ! J'ai effectué une première halte à quelques kilomètres de Limoges où habitaient des cousins, réfugiés de Paris. Ils m'ont nourrie et ont été effrayés en me voyant car je n'avais plus guère figure humaine. J'ai continué mon chemin, en effectuant de petits trajets en autocar et en auto-stop, de rares voitures circulaient encore. J'ai traversé des régions libérées par les maquis. J'ai réussi à prendre un train, en service sur un tronçon à côté de Saint Sulpice dans le Tarn. Je suis allée voir un de mes cousins Elie qui était en détention dans un camp d'internement. Il fut déporté je crois un ou deux jours après mon passage, par le dernier train qui quittait la région à destination des camps. Je suis finalement arrivée à Toulouse, sur la route de Lourdes, après pas mal d'émotions en cours de route. Des feldgendarmes sont venus m'arrêter sur le quai, en me disant que j'étais recherchée. Malgré ma libération, j'avais dû être dénoncée, peut-être par un homme de couleur dont nous savions à Limoges qu'il travaillait avec la milice et la Gestapo. Ils me dirent qu'ils allaient chercher quelqu'un pour m'emmener à la Gestapo. En l'espace d'un instant, je me suis enfuie tout en sachant que le couvre-feu était en vigueur. Bien que très affaiblie et fatiguée j'étais déterminée à prendre le risque de mourir dans la rue plutôt que d'aller à la Gestapo. Au même moment j'ai aperçu un groupe qui se dirigeait vers un cinéma de la ville, sans doute parce que les gares étaient fermées la nuit à cause des très nombreux bombardements. J'ai suivi ce groupe mais je savais que je ne pouvais pas rester dans le cinéma parce qu'on viendrait m'y chercher. Un miracle s'est alors produit : j'avais des amis de l'OSE qui habitaient à côté du cinéma, près de la bourse du travail où une lumière s'est allumée, j'ai frappé à la porte, le gardien m'a laissé entrer, j'ai sauté un mur et j'ai pu arriver chez mes amis en pleine nuit et être sauvée. Ils m'ont accueillie bien sûr, un peu nourrie, c'était inespéré et extraordinaire.

Le lendemain j'ai repris le train pour aller chez mes parents à Lourdes, Ils ne savaient pas que j'avais été arrêtée et n'avaient heureusement pas eu d'ennui à cause de ma lettre. Ils étaient cachés chez le gardien de la grotte, endroit assez singulier pour des juifs polonais pratiquants mais qui s'est avéré être sûr ! Quand je suis arrivée chez eux j'ai repris contact avec l'OSE et j'ai demandé à ce qu'on me donne un travail pour accompagner des enfants à la frontière espagnole. Je suis partie avec un groupe qui a dû renoncer parce qu'il n'y avait plus de rail, plus de train et finalement il était devenu impossible de continuer à organiser des convois.

Très peu de temps après… c'était la fin de la guerre…

LA LIBÉRATION : 1944-1945

C'est à Lourdes que j'ai su que la guerre était terminée, dans cette région, les Allemands étaient assis par terre et avaient déposé les armes. Étonnamment nous n'avons pas tout de suite ressenti un réel soulagement ; tout avait été tellement atroce pendant cette période ; nous n'avions plus de nouvelles de tant d'amis, de tant de proches, nous ne savions pas ce qu'ils étaient devenus. Il nous a fallu longtemps pour réaliser que c'était la fin de la guerre. Cette issue inespérée nous avait semblé inatteignable pendant des années. Malgré tous les deuils et les absences, aller dans la rue, ne pas avoir peur, prendre un train nous a semblé petit à petit extraordinaire et miraculeux. Nous sommes allés faire un petit voyage avec des amis du côté de la frontière espagnole, c'était tellement jubilatoire, tellement invraisemblable même de pouvoir se promener dans la rue sans avoir en face de soi un ennemi qui, d'une seconde à l'autre pouvait vous arrêter et vous déporter. Après quelques jours d'une incroyable liberté que nous avons essayé de vivre intensément, j'ai quitté mes parents et

Lourdes pour retourner à l'OSE qui avait installé un bureau à Lyon, où était regroupé la plupart des responsables. Nous avons commencé à réaliser le présent et réfléchir peu à peu à l'avenir immédiat. Quand la guerre serait terminée, que Paris et la France seraient libérés et que les armes se seraient tues, nous aurions à faire le point de ce qui avait pu être fait pour les enfants et malheureusement de ce qui n'avait pu l'être. Que deviendraient ces enfants ? Nous ne connaissions pas encore réellement le sort des parents mais peu à peu les nouvelles nous sont parvenues et nous avons su que l'on ne reverrait que très peu d'entre ceux qui avaient quitté Drancy pour Auschwitz ou d'autres camps. Les enfants étaient presque tous devenus des orphelins. Nous sommes restés quelques temps à Lyon puis, dès sa libération, sommes allés à Paris.

Notre quotidien était irréel, privé de lumière, privé de nourriture, sans transport et sans savoir ce que les uns et les autres étaient devenus, mais avec la liberté. Nous entrevoyions la naissance d'une nouvelle ère dont les contours étaient encore imprécis.

Nous vivions tous dans une fraternité due au danger et à l'action commune. Cependant, des divergences politiques entre les forces en présence sont apparues très rapidement. J'étais très naïve et pensais que le monde allait être parfait après toutes les horreurs, les humiliations vécues, et le non-respect de la personne humaine. Le pouvoir communiste s'est rapidement imposé parce que ses positions étaient très fortes dans la lutte et à la libération. Grâce au combat, les communistes étaient très organisés avec des structures bien rodées.

L'OSE s'est établie rue Spontini dans le 16e arrondissement de Paris en y coordonnant ses différentes activités. Nous avons commencé les premières actions pour essayer de retrouver les enfants qui avaient été cachés chez des paysans, les récupérer et les faire venir dans des maisons d'accueil qui s'ouvraient peu à peu en région parisienne et en province.

Je suis partie dans la Sarthe et nous nous sommes heurtés à de nombreux problèmes : les enfants qui étaient très petits ne savaient pas qui ils étaient, certains paysans ne voulaient pas les rendre car ils s'y étaient attachés. L'OSE a eu pour objectif, et je crois que c'était juste, de faire tout son possible pour que les enfants sachent qui ils étaient. Ils ont été ramenés en attendant soit le retour de leurs parents soit des regroupements familiaux chez des oncles et tantes. L'OSE a réalisé un très grand travail pour retrouver les familles ou pour donner aux enfants une famille d'accueil. Les enfants qui avaient vécu en maison d'enfants ne se sentaient pas compris par les familles qui les accueillaient. Ces familles, estimaient qu'ils avaient de la chance d'être vivants et de ne pas avoir été déportés, elles ne comprenaient pas leur souffrance. Ils avaient perdu leur identité, ils avaient souffert et surtout leurs parents leur avaient été arrachés brutalement et ces enfants ne les avaient pas retrouvés.

Par la suite de nombreux enfants sont retournés dans les maisons d'enfants où ils avaient le sentiment de vivre une vie avec ceux qui avaient partagé la même expérience et qui, aujourd'hui encore partageaient leurs chaussures et le peu de nourriture qu'il y avait. Les éducateurs des maisons d'enfants leur ont témoigné compréhension et amour. Cela a été général, on a su par la suite, que les enfants qui avaient été dans les maisons de l'OSE avaient trouvé auprès des directeurs et des éducateurs beaucoup d'écoute et d'affection.

L'émigration des enfants qui souhaitaient aller aux États Unis ou au Canada rejoindre des parents proches ou essayer de trouver des tuteurs afin de se reconstruire, y était organisée. Après ces horreurs et ce chaos tout devait être repensé dans un nouveau monde. Nous venions de vivre chaque instant confronté au danger, chaque minute pouvait être la dernière, une minute de mort. Maintenant il fallait reconstruire après une destruction sans pareil. Cela nous demandait beaucoup de compréhension, de réflexion, de bonne volonté et d'imagination car nous ne disposions pas d'antécédents dans l'Histoire. Madame Klotz qui travaillait à l'OSE a fait des démarches auprès du Général de Gaulle pour obtenir la venue en France d'enfants orphelins qui étaient restés à Buchenwald.

Aussi invraisemblable que cela puisse paraître, il y avait encore beaucoup d'enfants errants en Allemagne, en Pologne ou dans des autres pays, orphelins, mais sans pays d'accueil.

Le Général de Gaulle a accordé deux cent visas d'entrée en France pour ces enfants. Nous avons constitué un groupe de médecins, d'infirmières et d'assistantes sociales dont je faisais partie, qui est allé les accueillir à la frontière à Thionville.

Un train spécial a été affecté pour nous. Nous avons attendu dans la gare de Thionville deux jours et deux nuits l'arrivée de ce train, tant le réseau ferré était encore peu utilisable. L'OSE avait prévu pour les enfants des vêtements et des jouets pour les petits. Quand le train est entré en gare, nous ne savions pas qu'il n'y avait pratiquement aucun enfant survivant. Il y en avait peut-être deux, âgés d'une dizaine d'années, qui avaient survécu miraculeusement, grâce à leur père qui avait réussi à les cacher et à surmonter mille et une difficultés pour les garder en vie. Les autres étaient des jeunes gens, des adolescents qui avaient vécu des drames mais qui ont manifesté une intense volonté de vivre, faisant preuve d'intelligence et d'imagination en déjouant les plans visant à les exterminer. Quand le train venant de Buchenwald s'est arrêté, c'est très émus que nous avons commencé à parler à ces jeunes adolescents. Il n'y avait que des garçons qui venaient de l'enfer et qui nous ont profondément bouleversés. Le premier auquel je me suis adressée, Louis était originaire de Transylvanie. Je lui ai demandé s'il avait de la famille en France, il m'a répondu qu'il avait des cousins à Strasbourg, il m'a donné leur nom et il se trouvait qu'ils étaient apparentés à une de mes cousines de Metz. J'ai pu très vite les mettre en relation et par la suite Louis a émigré au Canada, c'était son projet, il a très bien réussi et a fondé une famille. Pendant longtemps j'ai eu de ses nouvelles. Grâce à lui ses cousins et petites cousines ont pu émigrer au Canada.

BERGEN-BELSEN : 1945-1946

Cette arrivée de Buchenwald m'a tellement impressionnée et bouleversée que j'ai décidé de partir en Allemagne pour essayer de m'occuper de jeunes survivants des camps encore sur place. Au bout de quelques semaines malgré de nombreux obstacles, j'ai pu partir dans un groupe, sous l'égide du Joint[5], avec uniforme et laissez-passer américains. Je suis arrivée en zone britannique en compagnie d'Anglais et d'un médecin français. L'Allemagne était divisée en zones d'occupation : française, britannique, américaine et russe. En zone britannique, entre Hanovre et Hambourg il y avait le camp de Bergen-Belsen où nous sommes parvenus à entrer après de nombreuses difficultés. Lorsque nous sommes arrivés au camp où des dizaines de milliers de personnes avaient péri, nous nous sommes trouvés devant une population qui vivait sur l'emplacement même du camp, là où étaient probablement les baraques des SS et des gardiens. Le camp était immense et les baraques où se trouvaient les déportés avaient été brû-

5 American Jewish Joint Distribution Commitee ou JOINT fondé en 1914.

lées suite à une forte épidémie de typhus qui avait touché les quelques centaines de survivants au moment de la libération du camp. Ils erraient, il y avait des adultes, il y avait des jeunes, il y avait 7 petits enfants de mères allemandes qui avaient été protégés de ce fait et qui avaient été déportés de Berlin au dernier moment juste après la disparition de leurs parents. Les autres jeunes avaient été déjà scolarisés, autant que faire se peut, par un groupe de travailleurs sociaux anglais qui était arrivé avant nous. Ils avaient essayé de permettre à ces jeunes de recommencer une vie, ce qui n'était pas facile dans un tel lieu. Ce monde était composé de gens qui sortaient d'enfers différents, qui avaient erré à travers l'Allemagne avant leur arrivée à Bergen-Belsen.

Aujourd'hui, ils n'avaient ni la possibilité ni le droit de se déplacer comme ils l'entendaient, n'ayant plus ni famille ni lieu de retour. En effet, les juifs polonais et hongrois, ce qui était compréhensible, n'ont pas souhaité retourner dans leur pays. Les quelques jeunes allemands qui avaient survécu depuis le début de l'époque hitlérienne ne voulaient pas non plus y demeurer. Plusieurs médecins menaient des entretiens pour essayer de savoir comment les aider au plus vite à quitter l'Allemagne. L'UNRRA[6], organisation internationale pour les réfugiés, est venue dans le camp avec la proposition de faire un regroupement de jeunes par catégorie d'âge pour les faire partir dans des familles juives d'Angleterre. Ces familles étaient volontaires pour les accueillir, pour être leurs parents adoptifs, aider à leur éducation et prendre soin d'eux. Dans les formulaires que l'UNRRA avait apportés, il était stipulé que quand l'entrée en Palestine serait possible,

6 United Nations Relief and Rehabilitation Administration fondée en novembre 1943 et a ayant arrêtée en mars 1949.

ce n'était pas encore Israël, ces enfants seraient prioritaires s'ils le souhaitaient. Nous étions extrêmement heureux à la perspective que les enfants quittent le camp et vivent aussi normalement que possible. Il y avait de nombreuses adolescentes enceintes qui étaient âgées de 14 à 15 ans. Ce monde jeune qui n'était plus jeune, avait montré et montrait encore un très grand amour de la vie. Nous avons commencé à faire les démarches pour que les enfants partent par avion en Angleterre. Pour ce faire, je suis rentré à Paris par avion militaire. Au retour, à l'approche de Hambourg, le brouillard était tellement épais qu'il fut impossible de nous poser. Après des refus d'autorisation de nous poser en Hollande et en Belgique, nous sommes revenus au Bourget sous le soleil mais avec si peu de carburant que nous avions préparé des sacs de sable en cas d'atterrissage forcé. Le même jour un avion militaire cherchant à atterrir près de Bergen-Belsen s'est écrasé en heurtant des fils téléphoniques. Mes amis et collègues m'ont cru disparu dans ce deuxième avion. Le lendemain, je suis allée à Bruxelles en train et le Joint a mis à ma disposition une Jeep avec chauffeur pour regagner Bergen-Belsen. À partir de la frontière allemande le paysage était dantesque, sous la neige nous étions éclairés de nuit par le rougeoiement impressionnant d'immenses hauts fourneaux ou de cheminées d'usine. Nous n'avons croisé aucune voiture ni aperçu un seul être humain.

L'Agence Juive s'est très rapidement opposée à notre projet d'envoyer les enfants en Angleterre. David Ben Gourion est venu au camp en disant qu'il ne souhaitait pas que ces enfants quittent la zone anglaise notamment pour montrer au monde que les anglais interdisaient l'entrée en Palestine d'enfants survivants en les maintenant dans un ex camp de concentration. Nous avons quand même effectué les préparatifs de départ des enfants. J'étais personnellement outrée par cette position politique qui me paraissait aller à l'encontre du bonheur des enfants. Nous nous sommes révoltés contre ce choix de laisser les enfants dans le camp. À la place de leur départ pour l'Angleterre, nous avons obtenu leur sortie du camp de Bergen-Belsen et l'installation de tous les enfants qui le souhaitaient dans une propriété appartenant à la famille Warburg[7]. Nous sommes partis avec les enfants ; en tant que membre de l'OSE, on m'a confié la responsabilité, qui me paraissait écrasante à 23 ans, de plus de 200 enfants. Ces enfants, compte tenu des souffrances endurées, représentaient à mes yeux une valeur inestimable tant individuellement que collectivement pour le judaïsme de demain. J'étais un peu inquiète de cette responsabilité qui fut fort heureusement partagée avec quelques jeunes qui étaient venus de la Haganah[8], qui avaient combattu dans l'armée britannique contre les Allemands et qui étaient restés en Allemagne. C'étaient pour la plupart, des éducateurs et des instituteurs très dynamiques. Ils avaient beaucoup de compréhension pour les enfants et surtout ils éprouvaient pour eux un amour qu'ils ont réussi à leur faire sentir.

---

7 Propriété de la famille Warburg à Blankenese. Les enfants pris en charge furent surnommés : « les enfants de Blankenese ».

8 Haganah signifie défense en hébreu, organisation paramilitaire sioniste créée en 1920 pour défendre les juifs de Palestine.

L'ALIAH DES JEUNES[9] : 1946

À mon retour à Paris, j'ai décidé de rejoindre l'Aliah des jeunes. Je travaillais avec Hans Gertner, son responsable pour la France, qui était devenu un ami et j'avais également des contacts professionnels avec Akiba Levinski qui était le représentant de l'Aliah des jeunes pour l'Europe. Cela a été professionnellement passionnant. Tout de suite après la guerre, il s'est rendu dans différents pays, Pologne, Tchécoslovaquie, Hongrie, Roumanie en disant aux populations juives qui avaient survécu :

« Ne restez pas dans ces pays, d'ici peu de temps les frontières vont se fermer et vous ne pourrez pas les quitter. N'hésitez pas à partir car votre avenir n'est pas ici, vous serez en danger quand vous deviendrez des pays satellites de la Russie. » Ce qu'il avait pronostiqué, ce que les juifs de Palestine (le Yichouv) avaient pressenti s'est avéré juste. Des familles ont eu le courage de partir, mais ce sont surtout des jeunes seuls

9 Aliah des jeunes, organisation pour l'émigration des juifs en Pales- tine, fondée en 1933 pour sauver les enfants juifs de l'Allemagne nazie.

qui ont quitté ces pays et sont venus en France. Les portes de ces pays se sont effectivement fermées ; ceux qui n'ont pas quitté rapidement les pays l'Est sont restés enfermés et ont dû subir les gouvernements communistes autoritaires et antisémites ainsi que les invasions de l'armée russe. Malgré la Shoah, l'antisémitisme a continué dans les pays de l'Est. La discrimination vis-à-vis des juifs s'est manifestée dans le domaine des droits, de la culture, des études jusqu'à l'interdiction de s'inscrire dans les universités. Toutes ces brimades étaient lourdes de conséquence dans une vie déjà précaire et difficile. Nous avons reçu à l'Aliah des groupes d'enfants venant de Pologne et de Roumanie ; ils ne pouvaient ou ne voulaient pas rester dans leur pays d'origine et souhaitaient ardemment aller en Palestine. Ils venaient en France où des visas leur avaient été accordés. J'ai effectué des démarches auprès du Ministère de l'Intérieur pour renouveler constamment les 500 premiers visas obtenus et nous avons finalement reçu quelques milliers d'enfants. Nous allions les accueillir à la gare à leur arrivée et l'Aliah des jeunes avait préparé différents châteaux en région parisienne pour les installer et leur redonner une vie la plus normale possible sans leurs parents, encadrés par leurs moniteurs venus de groupes d'obédiences politiques variées. Ces enfants ont d'abord été soignés puis installés alors que c'est Simon Levitt qui organisait leur accueil et le programme de leur vie. Ils y sont restés au moins plusieurs mois, car le départ pour la Palestine était difficile à ce moment-là. Ils étaient acheminés à Marseille d'où ils allaient repartir dans un deuxième temps grâce à une autre organisation. J'ai moi-même accompagné un groupe à Marseille. Nous connaissons malheureusement le sort souvent dramatique de ces bateaux qui ont dû rester longtemps sans pouvoir aborder la Palestine et qui ont dû aussi se diriger fréquemment vers Chypre où leurs occupants ont été placés dans des camps. En Palestine, ils y ont souvent connu la réussite tant dans leur vie personnelle que professionnelle.

Charlotte a ensuite travaillé à SOS Amitié, puis au COJASOR[10] *pour l'accueil des réfugiés et à l'association des enfants cachés. Elle a été nommée* chevalier dans l'ordre *national du mérite par Simone* Veil en 1993. *Elle a collaboré à des livres, enquêtes discours et émissions jusqu'à sa dernière année.*

Elle est décédée le 1er août 2002.

10 Comité Juif d'Action Sociale et de construction, fondé en 1945.

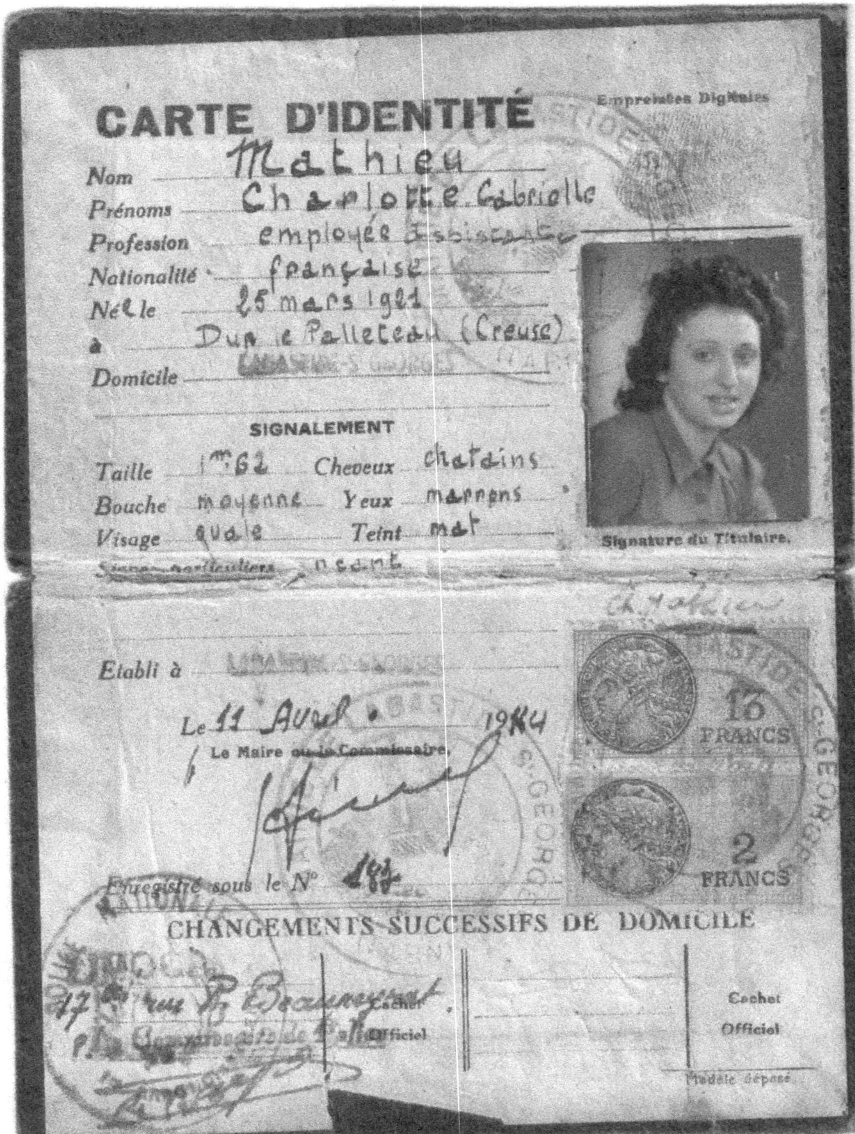
CARTE D'IDENTITÉ

Empreintes Digitales

Nom Mathieu

Prénoms Charlotte Gabrielle

Profession employée assistante

Nationalité française

Né le 25 mars 1921

à Dun le Palleteau (Creuse)

Domicile

SIGNALEMENT

Taille 1m62 Cheveux chatains

Bouche moyenne Yeux marrons

Visage ovale Teint mat

Signes particuliers néant

Signature du Titulaire.

Etabli à

Le 11 Avril 1944

Le Maire ou le Commissaire,

Enregistré sous le N°

15 FRANCS

2 FRANCS

CHANGEMENTS SUCCESSIFS DE DOMICILE

Cachet Officiel

Cachet Officiel

Modèle déposé

Charlotte Mathieu pendant la guerre.

ÉTAT FRANÇAIS

CARTE D'IDENTITÉ

Nom : ROSENBAUM

Prénoms : Charlotte

Profession : Assistante sociale

Nationalité : FRANÇAISE

Né(e) le 4 janvier 1922

à Metz (Moselle)

Domicile :

SIGNALEMENT : Taille 1m62 Cheveux brun

Bouche moy. Yeux marr.

Visage ovale Teint mat

Signes particuliers : néant

DA 5 FRANCS

Etablie à Lourdes

le 12 Avril 194

Le Maire ou le Commissaire,

Signature du Titulaire,

Enregistré sous le N°

Changements successifs de Domicile

Cachet Officiel	29, rue Jouffroy Paris (17e)	Cachet Officiel

Charlotte Rosenbaum à la libération.

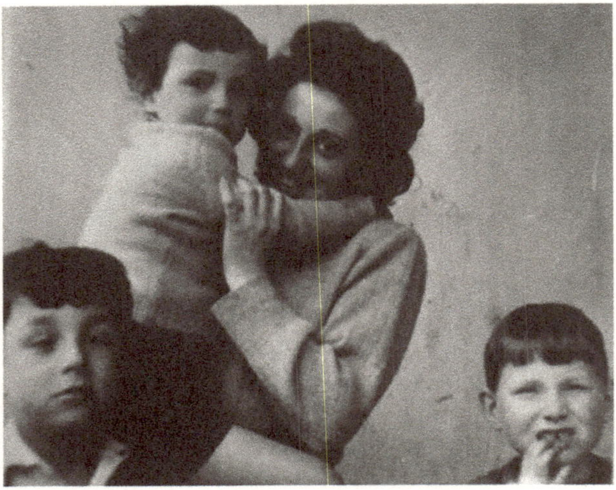

Charlotte Rosenbaum et les enfants de Blankenese
après Bergen Belsen.

Charlotte Rosenbaum 1995.

BIBLIOGRAPHIE

Souffrance en France, Christophe Dejours, éditions du Seuil, 2009

Travail, usure mentale, Christophe Dejours, éditions Bayard, 2008

Fatigue des élites, François Dupuy, éditions du Seuil, 2005

La Question Humaine, François Emmanuel, éditions Stock, 2014

Le harcèlement moral, Marie-France Hirigoyen, éditions Syros, 1999

Le système totalitaire, Hannah Arendt, éditions Gallimard, 2005

La Mention rouge, Christophe Moreigne, éditions Points d'Ancrage, 2018

Elie Bloch être juif sous l'occupation, Paul Lévy, éditions La Geste, 1999

Eichmann à Jerusalem, Hannah Arendt, éditions Gallimard, 2002

Sur l'antisémitisme, Hannah Arendt, éditions Calman-Lévy, 2005

La mémoire déverrouillée, Pierre Draï, éditions Gaussen, 2011

Andrée Salomon, une femme de lumière, Katy Hazan et Georges Weill, éditions Le Manuscrit, 2011

Traquées, cachés, vivants, Danielle Bailly, éditions L'Harmattan, 2004

Les enfants cachés, Raphaël Delpard, éditions JC Lattès, 1993

Le murmure des fantômes, Boris Cyrulnik, éditions Odile Jacob, 2003

Ni père ni mère, Ivan Jablonka, éditions du Seuil, 2006

Sauvez les enfants, Vivette Samuel, éditions Liana Levi, 1995

Les orphelins de la Shoah, Katy Hazan, éditions Les Belles Lettres, 2003

Une vie de Creusois, Gabrielle Thevenot, éditions Verso, 1996

L'écriture comme un couteau, Annie Ernaux, éditions Gallimard, 2011

Une femme fuyant l'annonce, David Grossman, éditions du Seuil, 2011

Chevreuse, Patrick Modiano, éditions Gallimard, 2011

L'herbe des nuits, Patrick Modiano, éditions Gallimard, 2012

Le planétarium, Nathalie Sarraute, éditions Gallimard, 1972

Des fleurs pour Algernon, Daniel Keyes, éditions J'ai lu, 2012

Suite française, Irène Nimerovsky, éditions Denoël, 2004

Je vais mieux, David Foenkinos, éditions Gallimard, 2018

L'Homme ignoré, Olivier Targowla, éditions Maurice Nadeau, 1990

Les mouettes, Sandor Marai, éditions Albin Michel, 2013

Les Heures souterraines, Delphine De Vigan, éditions JC Lattès, 2015

Une fille, au bois dormant, Anne-Sophie Monglon, éditions Mercure de France, 2017

Marge brute, Laurent Quintreau, éditions Denoël, 2006

REMERCIEMENTS

À Betty, Nathalie, Valérie et André Helman pour leur soutien.

À Anne-Sophie Monglon pour ses précieux conseils.

À Romain Naudin La Geste éditeur pour sa confiance.

À Daniel Bilous, Jessica Klein, André Cherid, Laurent Dauny et les habitants de Dun-le Palestel qui m'ont reçu.

À Marie Françoise Greminger, Alain Jomy, Katy Hazan, Olivier Lalieu, Chantal et Julian Press. À Paul Poulteau, Pierre Serrurier, Francis Rubinstein, Jean Salomon, Betty et Jo Saville, Olivier Targowla, Micheline et Yves Ternon, Pierre Vormus.

LA GESTE

www.gesteditions.com

Par ce logo, nous témoignons d'une volonté de réduire les impacts environnementaux liés aux activités de l'imprimerie. Nous choisissons un imprimeur impliqué dans la réduction des gaz à effet de serre. Le choix de nos papiers assure que la production a été faite à partir d'un produit à base de bois et a suivi le cahier des charges d'une gestion durable des forêts européennes. Achevé d'imprimer par CPI Firmin Didot (174160) en France en mars 2023 pour le titre « Le chemin d'un orphelin creusois ».

Mise en pages : Laurine Chazelas

Dépôt légal : premier semestre 2023

11, rue Norman-Borlaug
79260 La Crèche
05 49 05 37 22
contact@gesteditions.com